O HOMEM QUE O MOMENTO EXIGE

Jason Wilson

O HOMEM QUE O MOMENTO EXIGE

Domine as dez características do homem completo segundo a Bíblia

Tradução de Edmundo Barreiros

Rocco

Título original
THE MAN THE MOMENT DEMANDS
Master the 10 Characteristics of the Comprehensive Man

Edição brasileira publicada mediante acordo com DeFiore e Company Literary Management, Inc., através da Agência Literária Riff Ltda.

As citações bíblicas utilizadas neste livro, exceto quando indicado ao contrário, foram retiradas da Almeida Revista e Atualizada (ARA).

Imagens de miolo: FreePik

EDITORA ROCCO LTDA.
Rua Evaristo da Veiga, 65 – 11º andar
Passeio Corporate – Torre 1
20031-040 – Rio de Janeiro – RJ
Tel.: (21) 3525-2000 – Fax: (21) 3525-2001
rocco@rocco.com.br
www.rocco.com.br

Printed in Brazil/Impresso no Brasil

Preparação de originais
MYLLENA LACERDA

CIP-BRASIL. CATALOGAÇÃO NA PUBLICAÇÃO
SINDICATO NACIONAL DOS EDITORES DE LIVROS, RJ

W719h

Wilson, Jason
O homem que o momento exige : domine as dez características do homem completo segundo a Bíblia / Jason Wilson ; tradução Edmundo Barreiros. - 1. ed. - Rio de Janeiro : Rocco, 2025.

Tradução de: The man the moment demands : master the 10 characteristics of the comprehensive man
ISBN 978-65-5532-613-0
ISBN 978-65-5595-406-7 (recurso eletrônico)

1. Homens - Vida religiosa. 2. Homens - Conduta. 3. Homens - Atitude. 4. Homens - Aspectos religiosos - Cristianismo. I. Barreiros, Edmundo. II. Título.

CDD: 248.842
25-100158.0 CDU: 27-4-055.1

Carla Rosa Martins Gonçalves - Bibliotecária - CRB-7/4782

Para todos os que estão cansados de ser o homem errado,
aqui e agora.

SUMÁRIO

1. A iniciação

Homens gostam de fingir que não são vulneráveis nunca. Como se jamais houvesse algo de errado — e todo mundo sabe que isso é besteira. Foi isso o que Joe Rogan me disse uma vez, quando fui um convidado no seu podcast, *The Joe Rogan Experience*. Joe tem uma compreensão perspicaz da masculinidade, com base em suas diversas experiências como ator, comediante, faixa-preta de jiu-jítsu, comentarista secundário do UFC e apresentador do podcast mais escutado no Spotify.

— Ninguém consegue ser forte o tempo todo — respondi para Joe. — Quando dizemos um para o outro "Força, parceiro!", estamos subconscientemente dizendo um ao outro que quando nos sentimos fracos, há algo errado conosco.

— Você não está enganando ninguém — disse Joe. — Só está bancando o forte. Quando está bancando o forte, na verdade isso é uma fraqueza. Há mais força em apenas ser quem você é. E só porque você tem momentos vulneráveis, ou só porque está emotivo, ou só porque está triste, isso não significa que seja fraco.

Eu fiz uma pausa.

— Quem somos nós... de verdade? — perguntei a ele.

Eu faço essa mesma pergunta aos homens que estão lendo isto agora: *Quem é você... de verdade?*

Desde o momento em que respiramos pela primeira vez, chegamos como meninos exuberantes e tranquilos, irradiando alegria e autenticidade. Entretanto, nossa cultura vai nos moldando com o passar do tempo em versões menos expressivas de nós mesmos — homens restritos pela rígida noção de "masculinidade". Como resultado, nossa humanidade se curva diante do altar da masculinidade, deixando um espaço mínimo para a transparência genuína — e nenhum espaço para aqueles meninos alegres.

Ao crescermos, desabafos são, com frequência, interpretados como reclamações, expressões de dor são rotuladas como fraqueza, o cansaço é equivocadamente chamado de preguiça, a resistência é denunciada como rebelião, e a hesitação é classificada como indecisão. Quando lágrimas escorrem, somos chamados de "moles", sendo ensinados desde cedo a conter a angústia e demonstrar indiferença ou força em relação ao que nos estressar e deprimir. Conforme a pressão nos faz sofrer em silêncio, paramos de buscar nosso propósito na vida e começamos a buscar válvulas de escape nocivas e perigosas — ou simplesmente desistimos.

Você está cansado de ser o vilão, pois é um homem bom. Você está cansado de ser incompreendido. Está cansado de se sentir um fracasso como pai, marido e filho. E está cansado de ter de ser forte para todo mundo. Talvez esteja cansado de lutar contra as mesmas questões repetidas vezes. Você perdeu a esperança e, em alguns casos, pode parecer restar apenas uma coisa a fazer. Mas confie em mim, meu amigo, você não nasceu para se matar nem para cometer o menos perceptível suicídio do coração. Você não está sozinho.

Se você é como a maioria dos homens que conheci, em algum momento teve de lutar contra seu sentimento de confusão. Ao longo de minhas décadas de trabalho com homens de todas as idades, aprendi o seguinte: a confusão existe quando você não sabe por que existe.

Essa confusão me lembra do filme *O procurado*, dirigido por Timur Bekmambetov. No filme, conhecemos Wesley (interpretado por James McAvoy), um burocrata que leva uma vida sem graça. Depois da morte trágica do pai, ele é recrutado por Fox (interpretada por Angelina Jolie) para participar de uma antiga sociedade secreta de assassinos chamada A Fraternidade.

No primeiro dia de treinamento, Fox pergunta repetidamente por que ele está ali. Nitidamente perturbado, Wesley responde com sarcasmo: "Eu não sei, então bata em mim!" Fox faz isso, dando um tapa brusco em suas costas, depois atinge Wesley três vezes com o joelho e o chuta uma vez no esterno. Fox até atinge o queixo de Wesley com um soco-inglês de latão, fazendo sangue jorrar de sua boca.

Ela, então, o agarra pelo braço, dá outra joelhada nele e pergunta mais uma vez: "Por que você está aqui?"

Visivelmente sentindo dor, Wesley responde: "Eu não sei por que estou aqui."

Fox segura Wesley pelo cabelo e puxa sua cabeça para trás, repetindo a pergunta com ainda mais emoção: "Por que você está aqui?" Desta vez, Wesley não responde. Fox golpeia o corpo dele de novo com o soco-inglês.

Por fim, curvado e chorando de forma intensa e comovente, Wesley grita: "Eu não sei quem eu sou!"

Fox o vira de costas, ajoelha-se ao lado dele e pergunta com seriedade: "O que você disse?"

Com a voz trêmula e lágrimas escorrendo, Wesley ergue os olhos e repete: "Eu disse que não sei quem eu sou."

A dor que Wesley sente vai além da agressão física de Fox. Na verdade, eu diria que essa dor interna profunda machuca mais que qualquer outra coisa. Talvez você tenha sentido essa dor. Se não sentiu (ou não acha que pode admitir isso), garanto que conhece alguém que *já sentiu* o abismo desse desespero.

Por exemplo, um de meus amigos próximos, que é um policial aposentado, me ligou uma vez com uma sensação profunda de preocupação. Do nada, ele tinha sido tomado por uma onda intensa de raiva. A pegada em seu volante tinha ficado tão forte que as unhas deixaram marcas na palma das mãos. Na superfície, meu amigo é a personificação da jovialidade, a pessoa mais feliz que você vai conhecer. Mas, por detrás do sorriso, havia um homem enfrentando um transtorno de estresse pós-traumático (TEPT). O peso das situações de sua vida teria esmagado uma pessoa comum.

Ele me falou de um incidente em que começou a chorar na frente da mulher — algo inédito para ele.

— Qual o problema, querido? — ela perguntou.

Sua resposta é familiar demais para muitos homens:

— Estou cansado.

Quando homens dizem que estão cansados, isso, em geral, não significa que precisamos dormir. Significa que queremos descansar — há uma grande diferença entre os dois. Dormir é um estado *inconsciente* que proporciona relaxamento físico e mental. Descansar é um estado *consciente* de *liberdade* — de qualquer coisa que esgote a alma.

Meu amigo contou à mulher sobre sua batalha contra o TEPT. Confesso que fiquei muito animado quando ele me contou isso, tendo em vista que eu pedia há anos para reconhecer seu TEPT. Mas essa história não é única. Na minha experiência, a maioria dos homens está cansada por causa dessa batalha interior, dessa luta solitária; isso é realmente uma exaustão de nossas almas.

Lamentavelmente, o verdadeiro peso do "Estou cansado" quase sempre passa despercebido por muitos amigos e familiares até ser tarde demais. Uma vez vi o comentário de uma esposa em um de meus vídeos que permanece gravado em minha mente. "Quando um homem forte diz que está cansado, acredite nele. Queria ter entendido de fato a real profundidade dessas palavras antes de me ver enterrando meu marido."

O cerne da nossa exaustão

A instabilidade emocional está no cerne das lutas comuns enfrentadas pela maioria dos homens, criando essa exaustão do espírito.

Ao longo da história humana, esse conflito resultou em alguns dos crimes mais pérfidos e nas guerras mais inúteis. Hoje, 90% dos indivíduos que cometem agressões físicas violentas são homens.[1] Nos Estados Unidos, a taxa de suicídio para homens é 3,5 vezes maior que a das mulheres.[2] O que mais poderíamos esperar quando as características humanas mais louváveis como sensibilidade, compaixão e empatia têm sido sistematicamente suprimidas nos corações masculinos antes que eles cheguem ao início da adolescência?

Acredito de verdade que esses comportamentos vêm do que chamo de *encarceramento emocional* — um aprisionamento mental autoimposto em que os homens trancam suas emoções supostamente não masculinas e isolam seus corações do mundo.

Pense na moda de usar calças caindo, um estilo ironicamente nascido no sistema penitenciário norte-americano onde cintos eram proibidos; isso é um exemplo tocante.[3] Enquanto muitos viam isso como rebelião e obscenidade óbvias, eu via as calças caindo como um reflexo de almas "caindo" — uma manifestação externa de corações privados de esperança. Infelizmente, essa interpretação não foi amplamente compartilhada entre professores, mentores, pais e pastores. Assim, esses homens jovens eram repreendidos tanto em particular quanto em público, o que apenas os deixava mais na defensiva e com mais raiva. Já sobrecarregados pelas expectativas da sociedade do que significa ser um homem e sem espaços seguros para franqueza, esses homens jovens suprimiam ainda mais suas emoções e sua autenticidade. Essa supressão não apenas esconde os sentimentos verdadeiros; ela ativamente impede a estabilidade emocional e o desenvolvimento pessoal.

Outra manifestação física dessa condição interna é usar moletons com capuz em lugares fechados. Após a morte trágica de Kobe Bryant e sua filha Gianna, astros da NBA como Dwayne Wade e Carmelo Anthony expressaram publicamente seu luto ao se encapuzarem em lugares fechados. Poucas pessoas sabem que o capuz foi adicionado aos moletons em 1934 pela Champion para proteger atletas e trabalhadores de intempéries.[4] Durante meus 20 anos de mentoria, com frequência notava garotos usando moletons com capuz para se protegerem das intempéries da vida e das batalhas internas, como a depressão, o abandono e a vergonha. Nesses momentos, refiro-me ao capuz como uma "caverna portátil". Quando falo em eventos para jovens, muitas vezes vejo garotos afundados na cadeira com os capuzes puxados sobre o rosto. Com um tom de voz compassivo, vou até eles e os informo de que a decisão de usar capuz em espaços fechados pode ser um jeito de lidar com a dor interior. Eles frequentemente reagem arrumando a postura e removendo os capuzes aos poucos, revelando disposição de confrontar suas emoções.

Quantos homens hoje usam cavernas portáteis, tentando se esconder da dor e se refugiar do mundo? Não sinta vergonha se você for um desses homens; eu, também, já escondi meu verdadeiro eu. Conheço a saída e estou aqui para ajudar você.

Criei o Treinamento de Estabilidade Emocional (TEE) em 2010. O TEE é um sistema completo para homens que liberta a alma (a sede emocional do homem) e renova a mente, empoderando homens a manter o autocontrole. O TEE lida de forma eficaz com as causas subjacentes da raiva, da ansiedade, da falta de foco e dos medos não resolvidos. O foco principal é empoderar meninos e homens a se dedicarem à introspecção, confrontando e superando emoções de modo corajoso e efetivamente comunicando seus sentimentos com tranquilidade.

Apesar de várias pessoas acreditarem que a mente governa o corpo, a alma serve como a sede de nossas emoções, muitas vezes afirmando sua influência sobre as mensagens transmitidas pela mente. Quantos homens intelectualmente dotados se veem aprisionados porque não conseguiram controlar as emoções em um momento de raiva intensa? Quando os homens são condicionados a suprimir ou negligenciar uma ampla gama de emoções, administrar as emoções "masculinas" se torna um embate ainda maior.

Comparar as emoções com lápis de cor pode ajudar a pensar sobre nossas dificuldades. Uma caixinha com oito lápis representa o escopo limitado das emoções que os homens se permitem expressar, enquanto uma caixa maior, com 64 lápis, simboliza todo o espectro de emoções que todos nós realmente temos. Quando uma mulher solicita uma emoção intensa, por exemplo, e tudo o que temos é uma emoção roxa básica em nossa caixa, vamos ter dificuldade para responder de um jeito que corresponda ao momento. Há momentos que demandam emoções com mais nuances, mas se nos limitarmos àquelas oito, só conseguimos comunicar um escopo limitado, sobretudo quando se trata de nos relacionarmos com mulheres. Homens, é por isso que devemos entender por que tememos ser corajosamente honestos. Precisamos expandir nosso repertório emocional, como acrescentar mais cores ao nosso estojo de lápis.

A verdade é que todas as emoções foram divinamente criadas para todos os humanos, transcendendo os limites de gênero. Devemos nos concentrar em aceitar a riqueza de todas as emoções sem sermos restritos por dois adjetivos: *masculino* ou *feminino*.

O Terremoto de Emoções

A sociedade ensinou os homens a reprimirem suas emoções até explodirem. É hora de reaprender a expressar nossos sentimentos de um jeito saudável e produtivo. Criei uma ferramenta chamada *Terremoto de Emoções* a fim de empoderar homens com as habilidades introspectivas necessárias para que deixem de ser emocionalmente instáveis no intuito de se tornarem processadores verbais. Na representação visual a seguir, eu comparo nossas explosões emocionais a terremotos. Essa ferramenta é projetada para ajudar homens a entenderem como suas emoções intensas ou dolorosas se movem em seus corpos. Ela também oferece orientação sobre como expressar essas emoções antes que se agitem e danifiquem a superfície de suas vidas.

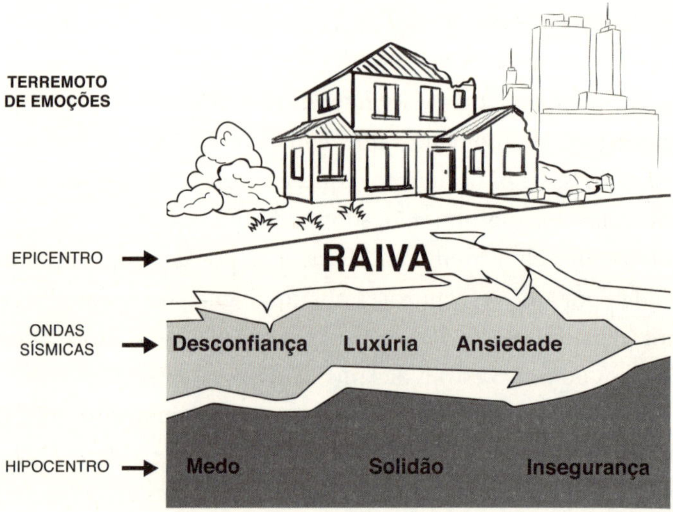

Um terremoto começa muitas camadas abaixo da superfície da terra, em um ponto chamado de *hipocentro* ou *foco*.[5] Esse é o ponto onde a energia liberada pelo núcleo da terra se acumula no subsolo. Para humanos, as emoções que sentimos a princípio, mas raramente expressamos, são como a energia liberada pelo núcleo da terra. Essas emoções centrais são aquelas que precisamos expressar. No entanto, o medo de "não parecer masculino" nos leva a suprimi-las. Essa supressão provoca um acúmulo, de forma muito semelhante à pressão no núcleo terrestre.

Agora, se a energia do hipocentro é dispersada apenas nos níveis mais profundos, não percebemos o dano na superfície da terra. De forma parecida, se liberarmos internamente nossas emoções iniciais tensas, podemos evitar causar danos a aspectos externos de nossas vidas, como relacionamentos (cônjuge, filhos, amigos, empregos e outros). Mas quando a energia no hipocentro permanece aprisionada, ela vai acabar criando ondas sísmicas que vão avançar para fora do hipocentro. Do mesmo modo, nossas emoções reprimidas inevitavelmente saem à força de nossos corpos para aliviar a pressão interna em nossos corações. No corpo, essas ondas sísmicas são as emoções que estão bem perto de serem ditas, as que você mais precisa botar para fora. Assim como fatores geológicos afetam a força das ondas sísmicas, vários fatores em sua vida vão influenciar a força de suas emoções, de sentimentos sutis a reações intensas.

Se as ondas sísmicas forem fortes o suficiente para chegar à superfície, o ponto em que elas quebram com mais intensidade se chama *epicentro*. Esse epicentro está logo acima do hipocentro, e é onde o chão vai se mover com mais força durante um terremoto. Para homens, o epicentro se torna a emoção expressa, quase sempre a raiva, que eu chamo de *emoção de superfície*. Embora isso seja o que a maioria das pessoas vê e experimenta por fora, a raiva nunca é a causa principal nem a emoção no hipocentro da explosão. Em vez disso, é o resultado de um sentimento muito mais profundo, como insegurança ou medo. Mas devido ao encarceramento emocional dos homens, não somos capazes de identificar e liberar as emoções profundamente arraigadas, por isso temos nossos terremotos emocionais.

Para comprovar ainda mais esse conceito, fiz pesquisas nas redes sociais em 2018 e em 2023, nas quais pedi a homens que identificassem as emoções que os dominavam. Não foi surpresa que, dos 1.348 participantes nas duas pesquisas, a raiva apareceu como a emoção número um dentre trinta.

Para dominar as emoções que em geral nos governam em momentos errados, devemos primeiro entender a causa originária de nossos sentimentos. Isso envolve lidar com os fatores subjacentes que contribuem para nossos conflitos emocionais, venham eles de experiências pessoais, pensamentos tóxicos ou traumas. Alcançar a estabilidade emocional e a comunicação eficaz exige essa compreensão e ação.

Quando enfim compreendi meus próprios conflitos emocionais e aprendi a me reconectar com o coração, percebi que tinha estado emocionalmente encarcerado. Entendi como minha educação tinha sutilmente gravado em mim uma forte resistência a me tornar uma pessoa por inteiro — eu não podia ser um homem completo para minha família, amigos e entes queridos porque eu não conseguia ser um homem completo para mim mesmo. Foi então que comecei a aprender o que significa ser um *homem completo*, expressão que criei em 2018 quando estava escrevendo meu primeiro livro, *Cry Like a Man* ("Chore como um homem", em tradução livre).

Na época, não sabia ao certo como homens iriam receber essa mensagem de masculinidade completa. A dedicatória dizia: "Para todo homem que está cansado de não ser capaz de dizer que está cansado." Alguns dias após o lançamento do livro, homens começaram a publicar fotos de si mesmos nas redes sociais segurando orgulhosamente seus exemplares. Era como se a ideia de *Cry Like a Man* fosse um segredo guardado havia muito tempo, escondido nos corações de homens em todo o mundo. Essa recepção foi realmente uma mensagem do Altíssimo para liberar Seus homens do encarceramento emocional e encorajá-los a se tornarem homens completos.

Então, para começo de conversa, por que nós homens nos permitimos ficar aprisionados?

Quem você foi criado para ser

Antes de alcançar uma consciência mais profunda de quem o Altíssimo me criou para ser, eu sucumbia às ideias distorcidas de masculinidade da cultura em vez de entender o valor de ser um homem completo. Primeiro, ainda jovem e depois como marido, eu permitia que a minha autopercepção fosse moldada pela cultura. Durante os anos 1980, parecia que todo menino em minha comunidade desejava ser um homem hipermasculino ou só sentia a pressão para assumir e aceitar essa persona. Eu interpretei esse papel com habilidade, mas nunca fui um *valentão* (*thug*, em inglês) de verdade. Desde então transformei essa palavra, *thug*, em um acrônimo que capturava com precisão quem eu era na época: um Humano Traumatizado Incapaz de Chorar (*Traumatized Human Unable to Grieve*, em inglês). Mas essa realidade de trauma reprimido explica o comportamento tenso e as reações imediatas que quase sempre testemunhamos entre nossos irmãos que ainda usam a palavra *thug* como uma medalha de honra.

Pense nisso. Na comunidade negra dos Estados Unidos, não nos gabamos de viver em um bairro seguro; em vez disso, nos gabamos de ter crescido em um bairro perigoso. Muitos dizem com orgulho: "Eu quase levei um tiro ontem!" Mas ninguém pode levar uma vida saudável nessa realidade. O antigo ditado "É preciso uma aldeia inteira para criar uma criança" é verdade, mas uma aldeia traumatizada não pode criar meninos que se tornarão homens completos.

Mas aqui está a boa notícia: o roteiro não é fixo, ele pode ser consertado. Nós temos o poder de redefinir a masculinidade de um jeito que abrace as emoções e a expressão autêntica. Podemos criar um mundo onde meninos sejam livres para se transformar em homens sem o fardo de emoções reprimidas. Um mundo onde a cura intergeracional, não o trauma intergeracional, é transmitida.

Mas essa mudança exige coragem — a coragem para desaprender, para questionar e aceitar a mudança.

Não tem certeza se essa mudança é possível? Eu sei em primeira mão que isso é possível porque eu estive nas trincheiras da vida com homens de todas as idades pelas últimas duas décadas. No coração de Detroit, Michigan, eu fundei a Yunion em 2003, uma organização sem fins lucrativos com base na fé dedicada à cura de jovens e ao fortalecimento de famílias no núcleo da transformação da comunidade. Minha mulher se uniu a mim como diretora-executiva e, juntos, impactamos mais de 17 mil vidas. Com ela no comando operacional e eu conduzindo nossa visão estratégica, nossa equipe de indivíduos dedicados e incansáveis causou mudanças profundas na comunidade.

Minha paixão por ajudar meninos negros enganados fez com que eu criasse a Academia de Treinamento Transformador Caverna de Adulão (CATTA, na sigla em inglês). Na CATTA, ensinamos, treinamos e transformamos meninos não iniciados em homens completos do Altíssimo — homens fisicamente conscientes, mentalmente astutos e espiritualmente fortes o bastante para atravessar as pressões deste mundo sem sucumbir a suas emoções.

Quando um vídeo da CATTA se tornou viral em 2016, conseguindo mais de 350 milhões de visualizações em todo o mundo, ele abriu portas para oportunidades incríveis, entre elas representar a CATTA em uma apresentação para o presidente Obama na Casa Branca intitulada "My Brother's Keeper" ("O guardião de meu irmão", em tradução livre). O famoso programa de TV *This Is Us* mostrou nosso trabalho em um episódio muito assistido e premiado.[6] Então, em 2018, a produtora do renomado ator/produtor Laurence Fishburne, a Cinema Gipsy, produziu um documentário mostrando minha história de trabalho com rapazes. O filme estreou no Festival de Cinema de Tribeca em 2022, cativando plateias e ganhando prêmios de prestígio, como o de Melhor

Documentário em Longa-Metragem. Nessa época, também escrevi dois livros de sucesso, *Cry Like a Man* e *Battle Cry* ("Grito de guerra", em tradução livre), que apresentaram a ideia do encarceramento emocional e ofereceram estratégias para ajudar homens a começarem a se libertar de suas restrições internas.

Menciono isso porque toda essa atenção criou uma oportunidade para aprofundarmos a conversa sobre o que significa ser um homem hoje. Por exemplo, quando fui palestrante na Lenard "Charlamagne" McKelvey Mental Wealth Expo, em Nova York, o moderador fez uma pergunta que me fez pensar: "Jason, como você definiria um homem?" Uma pergunta simples com efeitos complexos.

Sem hesitar, respondi: "É impossível." Minha ousada resposta surpreendeu o moderador, outros palestrantes e o público. Quando todo mundo demonstrou curiosidade, falei com entusiasmo: "Quando você permite que outra pessoa o defina, você nunca consegue ser tudo o que foi criado para ser."

Depois desse momento de clareza no palco, o fogo que estava se apagando dentro de mim se acendeu outra vez. Essa discussão, somada à resposta a *Battle Cry*, confirmou a urgência e a importância de escrever este livro. Percebi que precisávamos explorar melhor as complexidades de quem nós somos como homens, o impacto das pressões da sociedade e a jornada para nos ajudar a resgatar nossos eus autênticos.

Homens, é hora de erradicar as normas da sociedade, as expectativas culturais e os estereótipos que nos confinam e definem em uma única palavra engessada: *masculinidade*.

ENTRE EM AÇÃO

Ao longo deste livro, vou encorajar você não apenas a ler, mas também a entrar em ação. O único jeito de mudar quem você é como homem é se libertar de paradigmas pré-existentes. Então, a cada passo de nossa jornada juntos, tome a decisão de agir com base no que você aprendeu. Comece agora.

Atividade nº 1: Tempo de espelho

Compre um espelho de bolso e o mantenha com você enquanto lê este livro. Olhe para ele e recite frases poderosas — palavras projetadas para dissipar pensamentos que o autocensuram. Pode parecer estranho falar consigo mesmo no espelho (ou pode ser que você já o faça), mas a ciência mostra que isso pode ajudar pessoas a processar emoções e pensamentos. A dra. Tara Well, professora de psicologia do Barnard College, da Universidade de Columbia, e especialista em autorreflexão, explicou que "o espelho serve como uma ferramenta para externalizar seu diálogo interior, permitindo que você o observe e analise de uma perspectiva diferente".[7]

Você pode achar este exercício clichê, mas para homens, enxergar a si mesmo com tamanho nível de intimidade, pode ser desafiador. Em uma cultura que nos programa para focar nos aspectos negativos e a buscar melhorar a todo momento, reconhecer os pontos positivos que já temos se torna uma tarefa importante.

Quando faço este exercício com garotos na Caverna de Adulão, minha pergunta inicial para eles é: "Você ama quem vê no espelho?" E faço essa mesma pergunta a você agora. Encare bastante o espelho e responda a essa pergunta com honestidade: *Você ama quem vê no espelho*? Não estou falando do jeito como um homem arruma o cabelo ou as roupas que está vestindo diante do espelho. Relembre como ele lidou com situações ou momentos tensos, pelo que passou, seus arrependimentos, suas conquistas e quem ele é agora. Você *ama* mesmo quem vê no espelho?

Se for como a maioria dos homens, provavelmente a resposta é não. Talvez até mesmo um enfático NÃO. Se isso for verdade para você, não se preocupe. Ser honesto sobre si mesmo é o primeiro passo na direção de se tornar um homem completo.

Atividade nº 2: Terremoto de Emoções

Ao longo deste livro, vamos examinar nossas emoções e corações em detalhes. Vamos aprender a nomear e sentir nossas emoções primárias com a intenção de reaprender a expressá-las de maneiras saudáveis em nossa jornada para nos tornarmos processadores verbais e, em seguida, homens completos.

Você vai descobrir que o Terremoto de Emoções permite uma exploração mais introspectiva do seu ambiente emocional, oferecendo conhecimento sobre as partes mais profundas dos seus sentimentos. Eu convido você a preencher o quadro do Terremoto de Emoções a seguir, para começar esse processo.

1. Na linha das Ondas Sísmicas, escreva as emoções que você acredita estarem diretamente abaixo da raiva identificada. Lembre-se, essas devem ser as emoções mais

próximas a como você de fato se sente (o hipocentro), mas não são as emoções que precisa explicar a princípio. Use um lápis para poder apagar, pois essas emoções podem mudar com o tempo.

2. Então, na linha do Hipocentro, escreva as emoções que você acredita serem a causa originária de sua raiva. Identificar e liberar internamente essas emoções logo vai ajudar a prevenir efeitos involuntários sobre quem você ama ou oscilações na sua vida. Esse processo vai ajudar a reiniciar sua mente e a fazer sua alma descansar – promovendo uma abordagem mais consciente e gentil ao expressar emoções.

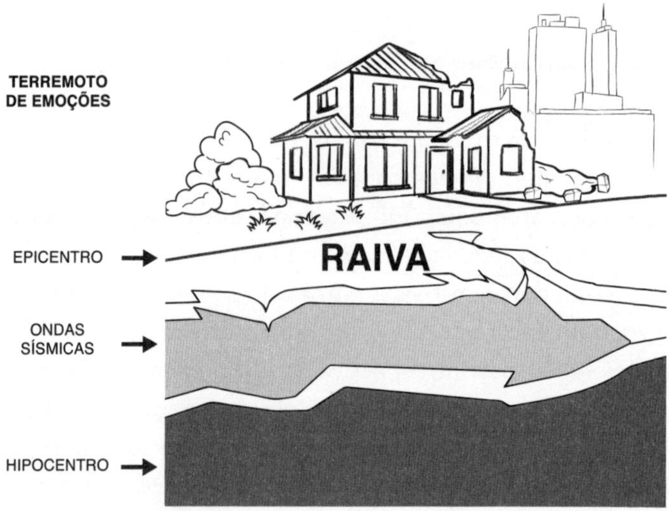

Atividade nº 3: Reduza os riscos

Embora não possamos prevenir o acontecimento de terremotos naturais, podemos reduzir significativamente a probabilidade de nossas emoções provocarem tremores em nossas vidas. Tire um momento para meditar sobre as emoções que você identificou na linha do Hipocentro. Depois, analise estratégias para reduzir o risco de terremotos emocionais. Construa uma infraestrutura emocional mais forte de amigos e confidentes com os quais contar quando as emoções do hipocentro começarem a desestabilizar você. Eduque-se procurando ajuda profissional de um conselheiro ou psicoterapeuta para fortalecer seu conhecimento e sua resiliência, garantindo que a base permaneça sólida mesmo quando os tempos estiverem instáveis.

2. Tudo que o momento exige

Como DJ popular em Detroit em 1986, minha especialidade era basicamente hip-hop. Minha relutância em tocar outros gêneros musicais era motivada por um desejo de manter uma persona durona e exclusivamente masculina. Dessa forma, nunca era contratado para tocar em eventos como festas de casamento e formaturas, que exigiam uma seleção musical mais ampla. Para ganhar mais dinheiro, eu tinha que colaborar com outros DJs, tocando um set em suas festas — uma sequência cronometrada de músicas mixadas sem parar. Um momento chave ocorreu em uma festa no jardim de uma casa, quando o DJ principal saiu para comprar mais cerveja e me deixou no comando. Uma garota que eu estava observando a noite inteira pediu que eu tocasse *house music*, mas minha caixa de discos não tinha algo do tipo. Para disfarçar essa limitação, proclamei cheio de orgulho: "Eu só toco hip-hop!", e toquei mais um rap.

Ela foi embora, nada impressionada. Eu fingi indiferença quando ela saiu, mas esse foi um ponto de virada para mim como DJ. Percebi a necessidade de evoluir, de me tornar capaz de tocar de acordo com o momento e de fazer qualquer pista dançar. Quando minha seleção musical se tornou mais completa, passei a ser um dos DJs mais solicitados em minha cidade e cobrava os cachês mais altos.

Tornar-se um homem completo vai além de uma mera batalha mental; também mergulha nas profundezas do domínio espiritual. Ao longo deste livro, refiro-me a Jesus por seu nome em hebraico, *Yahushua*, e chamo Deus Pai de *Yah* (uma abreviação de YHWH/Yahuah/o Altíssimo). A verdade é que a palavra *masculinidade* nunca poderia definir a natureza completa com a qual Yah criou o homem. E embora não possa afirmar que tenho todas as respostas, minha vida é um testamento do potencial profundo que Yah pôs em nós para superar e evoluir. Você também pode alcançar o triunfo desmantelando as crenças enganadoras que o restringem.

Durante minha jornada transformadora, encarei inúmeros momentos de fraqueza e a tentação de desistir. Contudo, vez após vez, encontrei novas forças nas Escrituras. Aceitar Yah e Sua Palavra foi instrumental para me guiar na direção da virtude e impedir que eu fosse aprisionado pelo meu passado. Isso me levou a cumprir o propósito conferido a mim (Atos 20:24). Mas quero ser claro — minha intenção não é fazer proselitismo; em vez disso, quero equipar você com ferramentas de eficácia comprovada por mim e por muitos outros homens. Aí vai depender de você fazer a escolha de quem quer ser. Em minha busca por me tornar um homem completo, reconheci a necessidade de transcender as fronteiras da identidade masculina estereotipada. A princípio, defino um homem completo como alguém que incorpora, ao mesmo tempo, coragem e compaixão, força e sensibilidade — um homem guiado pelo bem em seu coração, em vez do medo de como pode ser percebido. Apesar de ter definido neste livro dez características do homem completo, é vital permanecer aberto à evolução. Lembre-se, ao permitir que alguém o defina, você nunca poderá ser tudo o que foi criado para ser.

Portanto, em vez de apenas se moldar às expectativas percebidas, o homem completo se torna *tudo que o momento exige.*

Quando embarquei na jornada de escrever este livro, mergulhei fundo em experiências pessoais, histórias de outras pessoas e a sabedoria de especialistas em diversas áreas. Meu objetivo era mergulhar no papel crítico que a autodefinição tem na fortificação de nosso bem-estar mental e empoderar homens com dez características que podem enriquecer suas vidas e fazê-las evoluir.

Hoje, é estimulante ver mais homens aprendendo a *falar* sobre emoções, mas, lamentavelmente, a maioria desses mesmos homens não sabe como *senti-las*!

Por isso eu defendo a nossa liberação de noções predefinidas. Incentivo a aceitar o que há de único dentro de cada um de nós. Tornar-se o homem que o momento exige é um chamado que começa por rejeitar os limites estabelecidos por outras pessoas e embarcar em um caminho de autoconhecimento, empoderamento e riqueza mental. Ao desafiar a noção de me definir com base em padrões externos, encontrei a inspiração para escrever este livro no intuito de compartilhar meus conhecimentos e empoderar você para aceitar seu verdadeiro eu, viver de forma autêntica e se tornar um homem completo.

Esse homem não é definido pelas exigências da sociedade. Na verdade, esse homem geralmente escolhe o caminho oposto àquele estabelecido para o homem "masculino", como você pode ver aqui:

O homem masculino	O homem completo
Suprime suas emoções e se esconde por trás da fachada de parecer forte	Expressa suas emoções **livremente** sem medo de ser julgado
Exala **apenas** características masculinas	Exala **tanto** características masculinas **quanto** "não masculinas"
Sente-se **ameaçado** quando outro homem é mais bem-sucedido	Não se sente ameaçado pelo sucesso de outro homem, mas sim **inspirado** por ele
Julga as mulheres como subservientes e objetos sexuais	**Respeita** as mulheres e valoriza suas qualidades superiores

O homem masculino	O homem completo
Sente medo, mas faz qualquer coisa para **impedir** que alguém saiba que está com medo	Sente medo, mas **admite** isso abertamente e, portanto, toma decisões de vida inteligentes
É **escravo** de seus pensamentos e das suas emoções	**Domina** suas emoções *antes* que seus pensamentos se tornem tóxicos

Nas páginas seguintes, vamos explorar as dez características do homem completo, cobrindo todas as áreas vitais da vida de um homem. Eu gosto de pensar nessas características como parte de três temas gerais:

> As características dinâmicas *levam você a tomar uma atitude.*
> As características mais profundas *inspiram você a olhar para dentro.*
> As características de devoção *focam em seus relacionamentos mais próximos.*

Dentro desses três temas, vamos explorar as dez características seguintes:

As características dinâmicas

1. O **lutador** sabe quando lutar e quando recuar. Ele domina o ego e as emoções para garantir que permaneça em uma posição vantajosa.
2. O **provedor** garante a provisão de recursos, orientação e apoio essenciais para a família, os amigos, a comunidade e para si mesmo.
3. O **líder** guia e inspira outras pessoas. Ele sabe quando falar e quando ouvir — lidera pelo exemplo, não pela intimidação.

As características mais profundas

4. O **amante** sabe que o amor é demonstrado por meio de ações — devoção a Yah, amar o próximo e manter seu próprio bem-estar.
5. O **nutridor** cultiva o crescimento e o desenvolvimento, preocupando-se com indivíduos e ambientes ao alcance e além de sua influência.
6. O **cavalheiro** exala respeito pelos outros e por si mesmo por meio da etiqueta consciente e apropriada, sem comprometer seus valores.
7. O **amigo** ama a todo momento e é inabalável diante da adversidade — está disposto a dar a vida por seus companheiros.

As características de devoção

8. O **marido** imita o amor de Cristo se oferecendo em sacrifício pelo bem-estar da esposa, tratando-a como gostaria de ser honrado.
9. O **pai** deseja a confiança de seus filhos e fornece um espaço seguro para que eles recebam amor, aprendam com seus erros e dominem seus medos.
10. O **filho** apoia seus pais de forma resoluta apesar dos desafios, abraçando a jornada e os honrando com suas palavras, coração e ações.

Conforme mostro a você como cada uma dessas características contribui para a jornada de se tornar um homem completo, vou guiá-lo para confrontar as profundezas de sua própria vida e experiências, incitando-o à ação à medida que você desperta para a verdade. Isso pode ser doloroso, desestimulante ou, honestamente, algo que você não quer fazer, mas acredite em mim quando eu digo que já passei por isso. E lembre-se, não vai estar sozinho.

Yah deu a você a força para se tornar o homem que sempre deveria ser; você só precisa acreditar nisso.

Você vale esta luta.

Masculinidade completa

No início dos anos 2000, a ideia de masculinidade completa era impensável e, acredito, teria sido bem rejeitada pelos homens da época. A hipermasculinidade dominava o ambiente cultural de minha comunidade, embora eu agora a reconheça como uma fachada mascarando uma insegurança profundamente arraigada.

Durante aqueles anos, eu tinha e operava uma empresa de pisos e mármores. Certa manhã, recebi um telefonema pedindo para fazer um orçamento para a reforma de dois banheiros. Quando cheguei, um homem alto, aparentemente incapaz de dar um sorriso, me recebeu em sua casa. Enquanto calculava os materiais, perguntei sobre a combinação de cores desejada. Ele se encostou na poltrona, fixou o olhar em mim e respondeu com surpresa:

— Eu não sou [palavrão]! Eu não sei escolher cores!

A resposta acalorada desse homem me pegou desprevenido. Eu não conseguia imaginar por que ele reagiu com tanta insegurança quando eu só estava perguntando sobre escolhas de cores. Contendo o riso, retruquei:

— O senhor está sugerindo que eu, de algum modo, sou menos homem porque consigo coordenar cores muito bem para diversos projetos de reforma?

— Não! — respondeu ele. — Só estou dizendo que não tenho esse tipo de lado sensível. — Eu quis dizer mais, mas senti que responder seria apenas o que Yahushua chamava de "jogar pérolas para porcos" (Mateus 7:6, parafraseado). Então só terminei o orçamento e fui embora.

Embora eu estivesse muito longe do homem que sou hoje, ainda pude ver através da fachada daquele homem. A pessoa que tinha me indicado para ele me contou depois que aquele proprietário sorumbático era como muitos homens atualmente: solitário e acalentando raiva, ressentimento e medo muito profundos. Ele tinha problemas com uma compreensão equivocada da masculinidade. Em vez de se tornarem homens completos, muitos homens acolhem essa visão míope da masculinidade e adotam comportamentos, atitudes ou características nocivos ou pouco saudáveis na tentativa de se adaptarem às expectativas sociais ou culturais dos homens. Isso leva a resultados negativos para indivíduos e para a sociedade como um todo e está no cerne do encarceramento emocional.

Mas muitos homens que começaram a se libertar do encarceramento emocional têm dificuldade para manter essa liberdade recém-encontrada. Muitas vezes, equivocam-se ao pensar que sua libertação foi apenas em benefício de suas esposas, filhos, amigos ou outras pessoas em suas vidas. Mas permita-me deixar algo bem claro: A jornada de um homem puramente masculino para um homem completo é *um caminho que você segue por você mesmo.* Quando sua motivação para mudar é impulsionada por agradar aos outros, sobretudo mulheres, você corre o risco de uma recaída emocional assim que sentir que seus esforços não são apreciados.

A verdadeira transformação ocorre quando a força motivadora é validação *interna*, e não externa. Apesar de o encorajamento externo poder ter um papel óbvio em suas vitórias introspectivas, contar com isso para ter motivação é como dirigir um carro com um furo no tanque de gasolina — você logo vai ficar sem combustível. É importante que você passe por essa transformação para seu próprio bem. Outros vão se beneficiar? É claro. Minha mulher, meus filhos, meus amigos e aqueles a quem sirvo, todos se beneficiaram com minha transformação. Ainda assim, precisei embarcar nessa jornada antes de tudo por mim mesmo.

E é isso o que você deve escolher fazer agora. Deve lutar essa batalha com a mesma energia masculina que conjura quando alguém tenta fazer mal a você ou a sua família, ou quando se sente desrespeitado. Quando se sentir desestimulado e tentado a se render à cultura dominante, não desista. Lute estrategicamente pela vida que você merece e prove que tem o que é preciso para evoluir e se tornar um homem completo.

Crescendo em Detroit nos anos 1970 e início da década de 1980, desenvolvi um fascínio por filmes e competições de artes marciais. As voadoras, os socos e os impressionantes movimentos coreografados cativavam minha imaginação. Até as místicas técnicas de pontos de pressão que, supostamente, podiam deixar um agressor impotente prendiam minha atenção. Aos 12 anos, comecei a praticar ninjutsu, uma arte marcial desenvolvida no Japão, mas eu só fui me comprometer de verdade com um treinamento sério de artes marciais quando fiz 21 anos.

Embora não fosse lá muito apto com socos e chutes artísticos, acabei descobrindo que eu tinha uma força natural e uma habilidade inata para derrubar adversários e dominá-los. Durante uma sessão de treino amistosa com meu melhor amigo no jardim de sua casa, decidi tentar uma abordagem diferente — algo raramente visto na época. Eu avancei, agarrei-o para dominá-lo e o derrubei com naturalidade. Para minha surpresa, isso funcionou sem demandar muito esforço.

Essa prática, entretanto, nem sempre foi apreciada pelos "mestres" tradicionais ao longo de minha jornada nas artes marciais. Quando eles destacavam a importância de não contar com a força, eu ficava irritado. Acabei percebendo que essa falta de ênfase na força impedia que homens fortes no *dojo* expusessem as falhas em certos estilos de artes marciais que contavam com agressores cooperativos para que as técnicas funcionassem. Esses estilos rígidos não eram completos e não tinham defesa alguma contra um agressor disposto a usar o "toque da morte", avançar, invadir o espaço do defensor e derrubá-lo no chão. E se quisesse ser promovido de faixa em muitos *dojos*, era preciso se adaptar aos sistemas estabelecidos. Os guardiões das artes marciais tradicionais eram considerados intocáveis.

No entanto, em 1993, tudo mudou. Na história das artes marciais, ocorreu um momento decisivo no Ultimate Fighting Championship (mais tarde chamado de UFC 1: O Começo), realizado na McNichols Sports Arena em Denver, Colorado. Em 12 de novembro de 1993, Royce Gracie, um membro da lendária família Gracie, alterou para sempre os rumos das artes marciais.

Royce enfrentou Art Jimmerson, Gerard Gordeau e Ken Shamrock. Essas lutas culminaram em uma demonstração de habilidade de tirar o fôlego quando Royce derrotou de forma categórica todos os três lutadores no primeiro round. Royce demonstrara uma abordagem revolucionária que ia contra as normas da época — o jiu-jítsu brasileiro, uma luta de contato desenvolvida por sua família que enfatiza alavancagem, técnica e imobilização em detrimento de estilos vistosos e pura força. Essas vitórias abalaram a comunidade tradicional de artes marciais.

Filmes como *Os cinco venenos de Shaolin*, *Operação Dragão*, *A 36ª câmara de Shaolin*, *O último dragão* e *O grande dragão branco* precederam o jiu-jítsu brasileiro, e por isso milhões de praticantes de artes marciais nunca questionaram a eficácia do kung fu, do aiquidô, do caratê, do tae kwon do, do wing chun ou do ninjutsu. Mas a supremacia de Royce exigiu que o mundo das artes marciais reavaliasse e reconhecesse a eficácia do jiu-jítsu. Isso foi um alerta para evoluir e estar disposto a aceitar novas técnicas e ideias.

Da mesma forma que o jiu-jítsu brasileiro transformou o cenário das artes marciais, descobrir características mais amplas de masculinidade pode transformar de forma semelhante à nossa percepção do que é ser homem. A definição tradicional de masculinidade prejudica nossas identidades, nos deixando vazios e incompletos. Quando reconhecemos a natureza completa dos homens, há uma expansão para além de estereótipos a fim de apreciar todo o espectro de identidades e propósitos no mundo atual.

Homens, é hora de se libertar dos grilhões das expectativas sociais. Está escrito que há um tempo para tudo (Eclesiastes 3:1-8), mas, infelizmente, nós homens permitimos que essa cultura nos leve a uma *interpretação errônea* da masculinidade. Como resultado, temos lutado tola e implacavelmente para preservar uma vida que muitos de nós agora admitem ser uma jornada infeliz, limitada e incompleta até a morte.

Um dos professores de artes marciais mais influentes em minha vida, Kajana Cetshwayo, costumava dizer: "Um guerreiro deve ser toda e qualquer coisa que tem de ser a qualquer momento." Infelizmente, quando os homens sucumbem à pressão social para agirem apenas como homens masculinos, sacrificamos nossa autenticidade e profundidade emocional em nome de manter uma fachada superficial — perdendo, assim, nossa habilidade de ser "toda e qualquer coisa" que o momento exige.

Por trás do sorriso de todo homem forte, há lágrimas internas de uma história não contada. Homens, vamos parar de sofrer em silêncio e nos tornarmos completamente fortes. É importante "sermos homens" durante adversidades, mas é vital nos abrirmos quando estamos perto de um desmoronamento mental. Nós também somos humanos.

A luta é real

Meu amigo, não há mais necessidade de sofrer em silêncio. Você não é o único a sentir com mais frequência que preferia ficar na cama do que levantar. Não é o único a se sentir valorizado apenas pelo que faz em vez de pelo que é. Você não está sozinho quando sente que todos perguntam como está só porque o próprio bem-estar deles depende de sua estabilidade mental. Medo, dúvida, vergonha e pensamentos de autocondenação — essas são experiências comuns. Você pode sentir que chegou ao limite, mas não desista, porque você não está cansado de viver, está cansado de *não* viver.

Muitos homens — como os irmãos que você vê na televisão, no cinema ou praticando esportes — sentem a mesma coisa. Devemos nos unir e lutar como um só. Sem essa unidade, a mudança vai permanecer inatingível, e o fardo, exaustivo. Um homem sozinho pode ser derrotado. Mas dois podem ficar de costas um para o outro e lutar uma guerra — e vencer (Eclesiastes 4:12). Acredite em mim, há homens iguais a você esperando para ajudá-lo a romper as mesmas barreiras que eles enfrentaram — mas você precisa estar disposto a tirar a capa de super-herói que o estrangula.

Mas isso não vai ser fácil. Em uma sessão de psicoterapia experimental à qual eu e minha mulher fomos com outros nove casais, um marido de repente desmoronou diante da mulher e gritou consigo mesmo: "Qual o problema com você, cara?!" Por um momento breve, mas intenso, ele socou o chão e gritou: "Por que você não consegue se controlar?" Parece familiar?

Homens, a maior das batalhas acontece dentro de nós. Nossos pensamentos implacáveis nos levam ao precipício: *Estou cansado de lutar contra minhas próprias inseguranças. Estou cansado de sentir que estou falhando como marido. Estou cansado de sentir que sou o mesmo pai para meus filhos que o meu foi para mim.*

Sendo bem sincero, uma ideia com a qual tive muita dificuldade foi esta: meu filho me admira mais do que eu admiro a mim mesmo. Talvez você consiga se identificar.

E quando esses pensamentos parecem esmagadores, nós podemos nos ver, sem aviso, flertando com pensamentos de suicídio ou de ter um caso que sabote nossos belos casamentos e famílias.

Se você é honesto consigo mesmo, deve reconhecer que não é sua família que está provocando essa crise — é sua mente e seu coração. O apóstolo Paulo enfatizou o significado de renovar a mente — uma renovação que nos leva a ver a vontade de Yah (Romanos 12:2). Enquanto sua mente permanecer conformada com as restrições sociais da masculinidade tradicional, você vai buscar rotas de escape de forma contínua em vez de se tornar o homem completo que Yah fez você para ser e viver a vida que realmente merece.

Em um mundo em que a essência da masculinidade é quase sempre obscurecida por aparências e pelo ego, surge um novo caminho. Esta jornada é mais que introspectiva — é uma revolução, um convite para se unir às fileiras dos homens que deram seu grito de guerra, lutaram pela liberdade do encarceramento emocional e venceram suas batalhas internas. Mas esteja alerta: Essa jornada vai desafiar toda noção preconcebida que você tem sobre a masculinidade, revelando uma verdade mais profunda sobre o que significa não apenas ser um homem, mas ser autenticamente humano.

Ao mergulharmos fundo nas dez características do homem completo, vou empoderar você com o conhecimento, as estatísticas, as histórias pessoais e informações históricas para confrontar a misoginia, os mantras equivocados e os comportamentos hipermasculinos incontestados que influenciaram profundamente nossas vidas. Eu quebro a regra não escrita de sofrer em silêncio, um código que, com muita frequência, descarta o papel crucial da transparência na vida de um homem, às vezes só reconhecido em um velório.

ENTRE EM AÇÃO

Você está pronto para desconstruir a definição redutora de masculinidade da sociedade? Para viver uma vida que não é restrita por limitações e se tornar o homem que todo momento exige? Se estiver, prepare-se – mental, física e emocionalmente – enquanto conduzo você pelo caminho estreito até uma vida mais plena!

Atividade nº 1: Os quatro Rs

Uma das técnicas que desenvolvi para ajudar você a aceitar a liberdade de falhar, de se libertar dos contratempos e de viver no momento se chama Os quatro Rs. Sugiro que você arrume um diário para usar com essa finalidade ou utilize o aplicativo de notas do seu celular ou qualquer meio que preferir para escrever seus pensamentos.

1. **Refletir** sobre os desafios que abalaram sua alma.
2. **Rejeitar** cada pensamento negativo antes que ele se torne tóxico.
3. **Reiniciar** a si mesmo mental e emocionalmente.
4. **Repousar** no momento em vez de ficar traumatizado pelo passado e ansioso pelo futuro.

Desse jeito, você se liberta do passado e se permite viver no presente. Com o tempo, recomendo convidar outro homem de confiança para esse processo e compartilhar seus Quatro Rs, mas comece agora a acessar o que já está acontecendo dentro de você.

Atividade nº 2: Árvore do Trauma

Eu criei a Árvore do Trauma para auxiliar garotos e homens a identificar com facilidade as causas de origem dos seus problemas, ajudando-os a entender por que se sentem como se sentem. A seguir há uma explicação detalhada da Árvore do Trauma e os passos que vão ajudar você a identificar a causa e o efeito, resolver o trauma e liberar o potencial para o crescimento e a prosperidade como um homem completo.

A cura é possível quando investigamos de forma introspectiva, identificando nossas questões e depois as enfrentando com coragem.

O solo simboliza os ambientes social e físico que influenciam nosso desenvolvimento e bem-estar geral. Esses ambientes têm impacto significativo em nossas experiências de vida. De forma ideal, nosso "solo" consiste de amigos que nos apoiam, uma família amorosa, um ambiente de trabalho saudável e uma comunidade acolhedora.

As raízes simbolizam a causa e o efeito em nosso bem-estar emocional e psicológico derivado de experiências como feridas da mãe e do pai, abuso infantil ou abandono. Identificar e arrancar raízes tóxicas é essencial para uma vida mais completa. Assim como nutrir uma árvore é necessário para o crescimento, homens demandam terapia e manutenção pessoal para superarem os desafios das raízes da vida – um processo que acaba por levar a uma vida mais plena.

O tronco simboliza nossa mente, influenciando nosso bem-estar mental e emocional, fornecendo estabilidade e apoiando a função cognitiva. Assim como o tronco sustenta os galhos e as folhas, uma mente saudável estabiliza pensamentos e emoções, auxiliando o crescimento pessoal, o aprendizado e a tomada de decisões.

Os galhos simbolizam nossas questões e pensamentos negativos, como o medo do fracasso, o ódio por si mesmo, a depressão, a raiva e ideias suicidas. Frequentemente, as pessoas optam por uma solução rápida, cortando esses galhos. Similar a uma árvore, porém, os galhos mentais tendem a voltar a crescer com o tempo. A única solução duradoura é arrancar a árvore e plantá-la outra vez em um solo mais saudável.

A ÁRVORE
DO TRAUMA

O TRABALHO

Primeiro passo: Reflita sobre seu solo. Seu ambiente é rico ou deficiente em nutrientes, negligente e sobrecarregado com lembranças traumáticas? Se é o segundo, pense sobre onde sua árvore deveria ser replantada para prosperar com propósito.

Segundo passo: Separe um momento para refletir sobre os pensamentos negativos que você costuma ter. No espaço disponível, use um lápis para escrever suas causas raiz – se é um término, abuso infantil, a morte de uma pessoa amada, abandono parental ou outro evento marcante.

Terceiro passo: Em cada galho, escreva nos quatro espaços disponíveis as questões que crescem em sua mente e tornam sua vida infeliz e difícil de viver. Para mim, foram raiva não resolvida, depressão, falta de foco e medo do fracasso.

Agora você tem à frente um quadro de causa e efeito, um esquema para mostrar ao seu conselheiro ou terapeuta para ajudá-lo a arrancar e a realocar sua árvore, permitindo que você embarque em sua jornada de cura.

Atividade nº 3: Tempo de espelho

Pegue o espelho que você comprou ou pediu emprestado e olhe em silêncio nos olhos do homem ali refletido. Não desvie o olhar por 60 segundos. Então valide esse homem com as seguintes frases:

- Eu sou mais que masculino.

- Eu vou desaprender os conceitos equivocados sobre masculinidade e embarcar em uma jornada para me tornar um homem completo.
- Eu vou demolir a fachada.
- Eu vou tirar minha máscara e minha capa, reconhecendo que não posso ser um super-herói, mas posso ser humano.

PARTE 1

AS CARACTERÍSTICAS DINÂMICAS

Um chamado para você fazer algo

3. O lutador

O lutador sabe discernir quando lutar e quando recuar.
Ele domina o ego e as emoções para garantir
que permaneça em posição vantajosa.

Para a maioria dos homens, a vontade de lutar surge fácil demais. Mas é crucial demonstrar comedimento e sabedoria, sobretudo em situações potencialmente voláteis. Na verdade, ser um homem completo também significa entender as consequências a longo prazo de nossas escolhas *antes* de fazê-las.

Ser um Lutador se trata não apenas de ser forte e assertivo em casos necessários, mas também saber quando exercer o autocontrole e buscar soluções pacíficas, se possível. Uma atitude mental completa enraizada no desejo de proteger não apenas promove relacionamentos fortes, mas também garante um ambiente mais seguro para nós mesmos, as pessoas que amamos e nossa comunidade. Defender o que consideramos sagrado é essencial, porém devemos fazer isso com uma sabedoria que proteja tanto a eles quanto a nós mesmos do mal.

Em 27 de março de 2022, durante uma noite espetacular em Los Angeles, esperava-se que Will Smith fosse o vencedor do Oscar de Melhor Ator por sua atuação muito elogiada em *King Richard: Criando campeãs*. Infelizmente, a noite memorável tomou um rumo inesperado quando suas emoções assumiram o controle, alterando de forma significativa a trajetória de seu futuro. No segundo em que se levantou da poltrona, furioso com as piadas do apresentador Chris Rock sobre sua mulher, Jada Pinkett Smith,

Will Smith ainda teve um instante decisivo para parar. Em vez de reagir por impulso, ele poderia ter se sentado outra vez e, taticamente, falado com o sr. Rock depois.

No entanto, quando deixou a poltrona, subiu na passarela e foi até onde estava Chris Rock, sua batalha interna se tornou uma guerra externa que ele perdeu. Embora nesse momento tenha parecido que Will estava defendendo a mulher, um exame mais atento do passado traumático de Will Smith sugere que ele pode ter sido motivado por uma necessidade subconsciente de proteger a mãe.

Em seu livro de memórias, *Will*, ele compartilha com honestidade um momento da sua infância no qual testemunhou o ataque violento de seu pai contra sua mãe, fazendo-a sangrar e desabar diante dele. Embora Will tenha se considerado um covarde durante toda a sua juventude — com medo de outros garotos, sendo ferido ou humilhado, ou parecendo assustado —, foi esse momento que levou a uma luta de toda a vida com sentimentos de inadequação e covardia. Suas conquistas, revela ele, foram quase sempre um pedido mudo de desculpas à mãe pelo que ele julgava ser um fracasso em protegê-la.

Esse exemplo ressalta uma verdade psicológica vital: traumas não resolvidos podem ressurgir de maneiras inesperadas, frequentemente se manifestando de forma incontrolável na vida adulta. Isso é uma característica fundamental do transtorno de estresse pós-traumático complexo (TEPT-C), ainda mais quando enraizada em experiências formativas de abuso e violência.

Veja bem, é importante deixar claro que entender o passado de Will não justifica suas ações. Dar um tapa e humilhar Chris Rock foi sem dúvidas errado e não pode ser justificado. Se um homem insulta sua mulher, defendê-la é fundamental, mas isso sempre deve ser feito de um jeito que nos mantenha em posição vantajosa. Esse momento nos Oscars destaca a importância de lidar estrategicamente com traumas não resolvidos, em vez de deixar que eles ditem nossas ações em momentos de conflito. Já vi muitos homens bons morrerem jovens vítimas de violência armada, em vez de procurarem primeiro resolver uma altercação de forma não violenta.

Além disso, mantras enganadores como "paus e pedras podem quebrar meus ossos, mas palavras nunca vão me ferir" ensinam homens, de forma sutil, a suprimir feridas emocionais enquanto nos estimulam a confrontar ameaças físicas a qualquer custo. Na verdade, palavras podem causar mais danos do que paus e pedras: *palavras podem esmigalhar nossas mentes.* Diversos estudos e pesquisas no campo da psicologia e da saúde mental mostraram que abusos verbais podem gerar problemas como depressão, ansiedade e baixa autoestima.[1] Feridas emocionais podem ser tão prejudiciais quanto feridas físicas e frequentemente têm um impacto ainda maior na capacidade de uma pessoa funcionar e encontrar felicidade na vida.

Por outro lado, no meio do incidente com Will Smith no Oscar, Chris Rock deu uma demonstração impressionante de comedimento e maturidade ao escolher não retaliar física nem verbalmente. Essa decisão está alinhada com o ensinamento bíblico de "oferecer a outra face", que é bastante mal interpretado, como muitos dos ensinamentos de Yahushua. Se você leu meu livro *Battle Cry*, essa discussão pode parecer familiar, mas é importante incluí-la aqui porque ela exemplifica um homem completo.

Mateus 5:39 diz: "Eu, porém, vos digo: não resistais ao perverso; mas, a qualquer que te ferir na face direita, volta-lhe também a outra." Nos tempos bíblicos, a sociedade favorecia sobretudo a mão direita, relegando a esquerda para tarefas impuras.[2] Portanto, ao dar um tapa na face direita, o agressor teria de usar as costas de sua mão direita. De um ponto de vista teológico, "oferecer a outra face" representa uma resposta a uma reprimenda ou um insulto em vez de um ato covarde de submissão a uma ameaça física. Essa atitude defende uma forma radical de estabilidade emocional e força estratégica.

Ao não responder com agressividade, Chris Rock desafiou a noção convencional de "olho por olho" e demonstrou que a verdadeira força está em ignorar a provocação e permanecer na posição de vantagem. É necessário grande coragem e autocontrole para ser o homem que o momento exige, ainda mais em situações desafiadoras. A resposta do sr. Rock serve como uma lição valiosa sobre manter a compostura sem sucumbir a suas emoções.

O lutador espiritual

O homem completo sabe que nem todas as nossas batalhas acontecem no mundo físico. Algumas dessas lutas vão ser espirituais: está escrito que não lutamos contra carne e sangue, mas contra principados, contra poderes, contra os governantes das trevas deste mundo, contra a maldade espiritual em lugares elevados (Efésios 6:12). Essas lutas podem começar com emoções de traumas passados nos afetando no presente.

Um dia recebi um telefonema aflito de um ex-campeão do UFC que se tornara um amigo. Apesar de morar em uma cidade diferente, ele expressou um forte desejo de se encontrar comigo em particular o mais rápido possível. Eu reforcei meu apoio e o encorajei a visitar Detroit quando conseguisse. Ele viajou na manhã seguinte.

Durante nossa conversa emotiva, falamos de todos os traumas enfrentados por ele entre os 7 e os 12 anos. Então ficamos sentados em silêncio por cerca de dez minutos enquanto ele contemplava profundamente o passado. De repente, lágrimas começaram a escorrer pelo seu rosto, e eu soube que esse era um momento de catarse para ele. Reconhecer esses traumas o liberou para rejeitar, se livrar do que estava guardando no coração há décadas. Eu me levantei de minha mesa e o abracei, dando a ele o conforto e a segurança de que ele precisava para botar tudo para fora. Ele confidenciou que, de todas as sessões de terapia que experimentara, foi nessa que ele sentiu que podia realmente chorar e se livrar da dor.

Expliquei a ele como suas lutas atuais estavam interligadas com feridas não resolvidas de seu passado traumático e como essa conscientização permitiu que ele desse sentido a tudo isso. Quando permitimos que nosso trauma viaje no tempo e influencie nosso presente, inadvertidamente lutamos nossas batalhas do presente desde aquele lugar doloroso do passado.

Após nossa conversa e oração, a alma do ex-campeão do UFC pareceu encontrar alguma aparência de calma quando o peso do passado começou a se erguer. Nesse momento, ele olhou para mim e disse:

— Eu quero ser batizado.

Foi uma declaração profunda, indicando seu desejo de um novo começo e de um novo caminho adiante.

Era uma tarde fria de outubro, algo digno de nota porque eu sempre batizo no rio Detroit. Nós fomos até minha casa, pegamos roupas de banho e toalhas, e seguimos de carro para Belle Isle, uma ilha com quatro quilômetros quadrados em Detroit. Ele tinha lutado profissionalmente por anos movido por seu passado doloroso; agora, como um crente em Yahushua, estava pronto para lutar tendo um coração curado. Antes de entrarmos na água, toquei o *shofar*, uma trombeta usada pelos antigos hebreus feita de chifre de carneiro. Em silêncio, nós entramos na água gelada. Quando chegamos a um ponto fundo o bastante, orei por ele e o batizei em nome do Pai, do Filho e do Espírito Santo, e submergi todo o seu corpo na água em nome de Yahushua.

Depois do batismo, quando começamos a andar em direção a minha caminhonete, ele brincou.

— Cara, está frio aqui. Precisamos correr e chegar àquele calor!

— Cara, eu queria que você não tivesse dito isso, porque agora temos de ficar aqui fora por mais tempo — respondi. — Esta é uma luta espiritual, e sua alma, o lugar de suas emoções, está tentando governar você em um momento em que sua mente devia estar focada apenas no Altíssimo. Esse frio não vai matar você. Por isso agora temos de ficar aqui até sua alma estar em silêncio e você estar totalmente imerso na força deste momento.

Foi um privilégio testemunhar a transformação dele e ser parte daquele processo de cura. A experiência teve um impacto duradouro em nós dois e foi um lembrete do poder da conexão humana e da jornada de cura na qual podemos embarcar juntos. Ele encontrou consolo e força, e estava pronto para enfrentar os desafios da vida com um espírito renovado.

Se você está cansado de ficar preso em uma sequência de conflitos não resolvidos e sofrimento, pare de permitir que o diabo o leve de volta para as emoções que impedem a sua reconciliação com outras pessoas e consigo mesmo. Quanto mais raiva, depressão, aflição e falta de perdão levarmos do passado em nossos corações, menos seremos capazes de lutar a partir de um lugar de amor, e vivendo plenamente no momento. O homem completo busca os recursos dos quais precisa para processar traumas do passado no intuito de poder superá-los.

Contra-ataque cognitivo

O homem completo tem muitas estratégias à disposição para ajudá-lo a navegar pela vida. Uma delas é o contra-ataque cognitivo. Uma das melhores estratégias no boxe contra um ataque agressivo é conhecida como "bater recuando". Nessa estratégia, o boxeador se movimenta de propósito para trás ou recua ao mesmo tempo que ainda mantém a distância e o controle.

De forma parecida, quando um homem casado encara investidas sedutoras de uma colega de trabalho atraente ou de uma parceira nos negócios, ele tem duas opções: enfrentar as investidas de frente ou contra-atacar cognitivamente. Se empregar este último, ele pode manter o controle da situação. Se o homem casado escolhe a primeira opção e confronta essa força de frente, as chances de perder o autocontrole — além da esposa, a família e as finanças — aumentam muito.

Por meio do reconhecimento proativo — avaliar com cuidado a situação antes que ela se torne um problema —, ele pode evitar um nocaute da vida. Em vez de responder com orgulho ao ataque inicial da colega, ele deve "se esquivar do soco" mentalmente, balançar e desviar até identificar uma oportunidade para contra-atacar cognitivamente ou recuar da força de seus avanços. Se esse recuo não enfraquecer o ataque, ele deve aproveitar os movimentos agressivos da oponente e sincronizar as respostas a fim de acertar um contra-ataque eficaz:

O jab de ataque dela: "Sua mulher tem muita sorte por ter você!"

Sua esquiva: "É, somos incrivelmente abençoados e felizes por termos um ao outro!"

O contra-ataque dela: "Bem, se precisar conversar com alguém quando você e sua mulher não estiverem se entendendo, por favor, saiba que estou aqui para você."

Seu contra-ataque: "Minha esposa e eu procuramos conselhos apenas de nosso terapeuta e amigos de confiança, e oramos diariamente para o Altíssimo para que ele mantenha nosso casamento livre do mal."

Quando a fuga é acompanhada por um contra-ataque, um homem casado pode navegar pelos desafios da vida sem trair a esposa ou tomar decisões que prejudiquem sua vida.

Há outro mantra equivocado empurrando homens na direção de um enterro antecipado: "O que não mata, fortalece." Mas isso é o mesmo que atravessar correndo e impulsivamente a rua, quase sendo atropelado por um carro, e dizer: "Uau, isso só vai me deixar mais rápido!" É pura tolice! Em vez disso, na próxima vez, eu deveria esperar pelo sinal na faixa de pedestres e então atravessar com segurança. O mesmo princípio se aplica à luta. Se você se concentrar apenas em socar seu adversário, vai ficar constantemente exposto a um nocaute. Às vezes, você precisa contra-atacar cognitivamente seus desafios e suas tentações em vez de tentar enfrentá-los de frente. Não é apenas o mais forte que sobrevive. A sabedoria é o que torna a vitória possível.

O limite

O lendário grupo de rap Grandmaster Flash and the Furious Five lançou uma música em 1982 chamada "The Message". Esse hino icônico do hip-hop descrevia os desafios associados a sobreviver nas quebradas. Infelizmente, décadas depois, o refrão ainda permanece relevante para muitos homens, sem importar a etnia. Ele alertava as pessoas a não pressionarem os homens porque eles estavam perto do limite, tentando "não perder a cabeça". Em linhas gerais, a música fala de homens que estavam lutando duro e tentando não "fracassar".

Homens, ninguém pode ser forte o tempo inteiro. E a última coisa da qual um homem forte precisa é de um empurrão quando ele está perto do limite da vida. Por favor, não entenda mal o que estou dizendo — há um momento para críticas construtivas, só não o tempo *inteiro*.

Um dia antes de o lutador profissional de MMA e peso-leve no UFC Paddy Pimblett ter uma luta decisiva, ele recebeu a notícia de que um amigo próximo tinha se suicidado. Durante a entrevista após a luta, Pimblett dedicou a vitória ao amigo e abriu honestamente o coração diante de um lugar lotado. Com lágrimas nos olhos, Pimblett pegou o microfone e suplicou de forma apaixonada:

> Escute, se você é um homem, carrega um peso sobre os ombros e acha que o único jeito de resolver isso é se matando, por favor, converse com alguém. Fale com qualquer pessoa! As pessoas preferem... eu sei que preferia que meu amigo chorasse no meu ombro do que ir ao seu funeral na semana que vem. Por isso, por favor, livrem-se do estigma. E, homens, comecem a falar![3]

Meu amigo, se você sente que está no limite da vida e pronto para saltar, por favor, dê dez passos mentais para trás, respire e ligue para o CVV (188) *agora mesmo*. Você não é a única pessoa que já pensou em se matar. Sendo bem honesto, já pensei nessa mesma coisa, mas decidi enfrentar meus pensamentos tóxicos e viver. Se você não está frente a esse limite extremo neste momento, talvez tenha estado no passado ou possa se identificar com isso.

Saiba de uma coisa: Você é amado por alguém. Em vez de tentar ser homem sozinho, se abra. Converse com alguém — não há mais necessidade de sofrer em silêncio. Há outros homens iguais a você que estão à sua espera e dispostos a ajudá-lo a romper com o que eles já enfrentaram. Lembre-se, você não está cansado de viver, você está cansado de *não* viver. Abrace a batalha pela vida que deseja; você vale a luta.

Aperte o interruptor

O homem completo sabe que é preciso muita resiliência para lutar introspectivamente. Ele não pode escapar de si mesmo — aonde quer que vá, seus desafios mentais o seguem. Portanto, em vez recuar ou se entregar à derrota, ele pode ter de *apertar o interruptor*.

Durante minha adolescência, em meados e no fim dos anos 1980, festas de porão eram populares. Música tranquila, bebidas, garotas e, o mais importante, um ambiente escuro. Nós navegávamos pelas sombras sem esforço, nos entregando a nossos desejos como se os corpos fossem braile. Às vezes, alguém acertava o interruptor, iluminando momentaneamente o que tentávamos manter escondido. Os presentes gritavam: "Apague a luz!" enquanto a pessoa responsável corria para restaurar a escuridão. É profundo como um único momento podia mudar todo o clima.

Na vida, especialmente para homens de meia-idade e mais velhos, a escuridão costuma surgir da incerteza, da perda, de uma falta de clareza e das dificuldades de tempos desafiadores. Talvez você esteja cansado de se abrigar nessas sombras, de viver sem ser notado ou se esconder atrás de uma fachada construída. Quando a vida muda de uma celebração para uma festa triste, com o DJ Depressão tocando as músicas dolorosas de seu passado, é seu sinal para escapar desse porão mental. Você deve se voltar para dentro, apertar o interruptor e levar luz para as áreas de sua vida que o mantiveram na escuridão por tempo demais.

As grandes reviravoltas são quase sempre consequência desse princípio. Nos esportes, quando um time está com menos pontos ou desestimulado, um jogador entra em ação e aperta o interruptor, tanto mental quanto fisicamente, e leva seu time à vitória. Quando um homem vira a chave e entra em modo de vitória, após encarar diversos reveses e ficar prestes a desistir, ele pode se tornar um atleta campeão ou se erguer das profundezas da depressão e da desesperança para se transformar em um empreendedor de sucesso.

Um homem completo entende a importância de aceitar o princípio de "apertar o interruptor" para viver a vida com seu potencial máximo. Por isso, saia da escuridão que cultiva pensamentos tóxicos e esgota emoções — *aperte o interruptor!* Você não precisa carregar o fardo do abandono de seu pai — *aperte o interruptor!* Você não precisa suprimir as emoções em relacionamentos — *aperte o interruptor!*

O cordeiro e o leão

Ao longo deste capítulo, temos refletido sobre aspectos diferentes de ser o Lutador: discernir quando lutar e quando recuar, superar o ego, erradicar traumas do passado e lutar por você mesmo. Isso nos leva agora à importância vital de ser tanto leão quanto cordeiro.

Na Caverna de Adulão, "o cordeiro e o leão" é um dos princípios de combate que ensinamos. Assim como Yahushua primeiro veio como o cordeiro para sacrificar Sua vida pelos nossos pecados e vai retornar em todo o seu poder como leão para julgar o mundo, nós instruímos nossos alunos a se transformarem nesses dois papéis caso haja um conflito — a rendição e o ataque. Permanecer fixo em um papel quando o outro é necessário pode ter consequências sérias tanto para você quanto para as pessoas que ama.

Nesse princípio de combate, o leão simboliza um protetor formidável que surge sempre que há uma ameaça contra o orgulho. Em um contexto humano, isso espelha nossa resposta instintiva de fugir ou lutar. Entretanto, homens não podem se abrigar permanentemente nesse estado. Mesmo os leões precisam dormir até 24 horas para reabastecer suas forças e, assim, estarem prontos para lutar quando for preciso.[4]

É por isso que igualmente enfatizamos a importância de acolher as qualidades do cordeiro. O cordeiro representa a paz, a serenidade e a calma — um estado mental no qual tentamos habitar. No combate, o leão ataca com força e intenção destrutiva, enquanto o cordeiro cede pacientemente à resistência, defendendo-se e evadindo-se com habilidade para preparar um contra-ataque ao leão. Se a masculinidade completa é nosso maior objetivo, devemos nos esforçar para incorporar os dois, mantendo o acesso à força do leão, mas voltando prontamente para a serenidade do cordeiro quando a ameaça for resolvida.

A habilidade de mudar do leão para o cordeiro, conforme o momento exige, é o que de fato diferencia um homem completo. Ainda assim, com demasiada frequência, permanecemos no modo leão movidos por agressividade. Outros, porém, recuam para a passividade do cordeiro, aferrando-se à persona do "cara legal", mesmo ao ser confrontado com óbvio desrespeito ou ao ser fisicamente agredido. Sim, se possível, devemos viver em paz com todo mundo (Romanos 12:18), mas quando a paz não é possível, devemos estar dispostos a lutar. Para ecoar a sabedoria do grande pioneiro das artes marciais, Moses Powell: "É melhor saber e não precisar que precisar e não saber."[5] Ter as habilidades de um lutador profissional não é fundamental, mas você deve ter treinamento suficiente para garantir que um agressor fique com uma impressão duradoura depois de lutar com você, seja por causa de cicatrizes físicas ou mentais. Mesmo que você não "ganhe" a luta, a capacidade de se defender também é uma vitória importante!

Pesquisas mostram que os homens são mais propensos a se envolver em violência física que as mulheres.[6] Portanto, ser proativo em relação a aprender defesa pessoal, mesmo de formas não violentas, é uma habilidade de vida. Yah não nos deu um espírito de medo, mas de força, amor e disciplina (2Timóteo 1:7). Infelizmente, enfrentei diversos momentos de risco de vida em que minha experiência em artes marciais e armas de fogo táticas fez a diferença entre sair ileso ou ser levado pela situação.

Em um mundo cada vez mais volátil, defendo fortemente que todo homem deve considerar aprender uma arte marcial testada em batalha — um sistema de eficácia comprovada em situações reais, como brigas de rua ou situações de defesa pessoal. Essas artes marciais priorizam técnicas práticas que funcionam independentemente da força, da velocidade ou das armas de um agressor, em contraste com aquelas criadas exclusivamente para esportes ou competições.

A energia também é um elemento essencial na arte do combate físico. Sugiro aos homens em minha esfera de influência que não têm deficiências a caminhar a passos largos ou correr 2 km por dia. Pesquisas mostram, de forma consistente, que homens com um regime regular de corrida ou caminhada tendem a ter corações mais fortes, ossos mais densos e porte físico mais magro em comparação àqueles sem essa disciplina.[7]

Mas deixe-me alertá-lo. A energia varia de pessoa para pessoa. Um campeão de natação pode se sair mal em uma corrida de 2 km, assim como um corredor experiente pode ter problemas para nadar a mesma distância. Por isso, o treinamento cruzado é a principal razão por eu ter tamanho respeito pelo boxe. Ele incorpora a harmonia feroz de correr, pular corda, socar e se defender. Eu sugiro a você a descobrir seu forte e aceitá-lo com a intensidade de um guerreiro. Lembre-se: trata-se de estar preparado, não paranoico.

Além disso, dado o aumento da violência sem sentido no mundo de hoje, todo homem deve considerar com sobriedade o uso e a guarda responsável de armas de fogo. Embora eu espere nunca ter de usar minhas armas, há um velho ditado que capta esse sentimento: "Prefiro ser julgado por 12 que carregado por seis." Essa filosofia está alinhada a um princípio dos ensinamentos de Yahushua: "Quando o valente, bem-armado, guarda a sua própria casa, ficam em segurança todos os seus bens" (Lucas 11:21). Uma vez compartilhei um vídeo nas redes sociais de mim mesmo em um estande de tiro que provocou um comentário sarcástico de um pacifista que perguntou: "Por quê?"

Minha resposta foi simples: "Por que não?"

Como homens, devemos estar preparados para proteger. Essa preparação não se trata de paranoia, mas de estar totalmente equipado para enfrentar tudo que o momento exige, sabendo quando usar a força e quando ser comedido. A harmonia da força e da gentileza foi algo que passei a realmente entender por meio de meu treinamento em jiu-jítsu brasileiro.

Eu me lembro da primeira vez que treinei jiu-jítsu, quando o professor me convidou para "rolar" com ele — a treinar e a aplicar técnicas de um jeito dinâmico e realista. As únicas regras eram que eu não podia socar, chutar ou golpeá-lo com o ombro ou joelho, apenas agarrar. Isso fez de mim um peixe fora d'água. Para minha surpresa, rolada após rolada, ele me superava com facilidade, tornando minha força física inútil. Eu fui lembrado de que a força bruta nem sempre é a resposta. Após mais de 20 anos de treinamento em diversas artes marciais, foi uma lição de humildade perceber naquele momento que eu não era um lutador completo.

Como homens, se permanecermos ancorados de forma resoluta na crença de que toda luta é vencida por um nocaute técnico, vamos inevitavelmente nos encontrar presos nos desafios da vida quando estivermos fracos. Em vez de permitir que meu orgulho ferido me afastasse do jiu-jítsu, optei por usar outra faixa branca e aprender alguns dos princípios dessa arte marcial poderosa.

Onde há um cordeiro, também deve haver um leão. Seja sensível, mas seja forte. Seja compassivo, mas também corajoso. Seja cortês, mas também perigoso. Eu concordo com o psicoterapeuta Jordan Peterson, que diz: "Um homem inofensivo não é um bom homem. Um homem bom é um homem muito, muito perigoso que tem isso sob controle voluntário."[8] Ser um homem gentil é uma qualidade louvável, mas também é essencial ser o tipo de homem que os outros não ousem contrariar.

O protetor completo

Uma razão para o homem completo precisar ser adepto da alternância entre o cordeiro e o leão é proteger sua família quando for necessário. Eu me lembrei desse fato quando o documentário *The Cave of Adullam* teve sua estreia mundial no Festival de Cinema de Tribeca, de Robert De Niro e Jane Rosenthal, em 2022.

Na noite anterior ao tapete vermelho da estreia, quando minha mulher, Nicole, e eu estávamos prestes a pegar no sono, meu telefone tocou. Era nosso filho, Jason. A voz dele estava tensa; havia um homem batendo na porta do quarto de hotel onde ele e sua irmã, Alexis, estavam hospedados, apenas dois andares abaixo de nós. Na mesma hora, Nicole caiu de joelhos em oração, enquanto eu, com o coração batendo forte e a adrenalina entrando em ação, disparei para fora de nossa suíte, orando em silêncio enquanto descia correndo até o quarto deles.

Quando cheguei ao andar de Jason e Alexis, a segurança já estava detendo o homem que estava tentando entrar no quarto. Antes que a segurança pudesse escoltar o homem de meia-idade vestido como um caubói até o elevador, ele desabou. Ele estava nitidamente embriagado e tinha confundido o quarto de meus filhos com o dele, que era em um andar diferente, mas no mesmo canto do hotel.

Um erro simples, quase inocente, que poderia facilmente ter causado uma situação trágica. Eu sabia que a verdadeira batalha não era apenas o que se desenrolou no corredor do hotel; era o conflito invisível no domínio espiritual (Efésios 6:12). Tive de processar minhas emoções em tempo real porque meus pensamentos iniciais não eram bons. E se eu tivesse chegado à cena antes da segurança e confrontado o homem enquanto ele estava batendo agressivamente na porta do quarto de Jason e Alexis? E se, em seu estado de embriaguez, ele tivesse me atacado e eu o tivesse matado? As consequências poderiam ter sido catastróficas. Tudo o que eu construí na Caverna de Adulão — anos de serviço e sacrifício — podiam ter sido perdidos.

Embora tenha lidado com a situação como o leão, como faria qualquer bom pai, eu tive o treinamento de que precisava para processar a cena e me tornar o cordeiro quando entendi o que estava acontecendo. Porém, esse nem sempre foi o caso.

Anos antes do incidente no Festival de Cinema de Tribeca, houve outro momento que testou minha estabilidade emocional. Uma manhã de sábado enquanto eu estava brincando com meu filho, Nicole me ligou, com a voz trêmula de medo.

— Jason, tem um homem me seguindo.

Como um marido protetor, minha adrenalina entrou em ação na mesma hora.

— Onde você está? — perguntei.

— Entrei no posto de gasolina ao lado do salão para ficar perto de mais pessoas, mas ele me seguiu até aqui dentro.

Peguei o endereço, entrei na caminhonete sem titubear e corri até onde ela estava. Orientei Nicole a ficar no telefone até que eu chegasse. Quando cheguei, disse a ela para sair. Para minha surpresa, o homem ousou segui-la. Mas no momento em que ele me viu sair da caminhonete, ele congelou como alguém sendo pego no flagra.

Quando Nicole estava em segurança na caminhonete, virei para ela e perguntei:

— Você está bem?

— Agora, sim — respondeu ela. Embora o perigo imediato tivesse passado, eu me vi no modo leão, incapaz de acalmar a tempestade em meu interior.

Motivado pelas emoções à flor da pele da raiva e do medo, minhas ações subsequentes foram precipitadas. A ideia daquele homem causando mal a Nicole me encheu com uma fúria intensa.

Peguei minhas duas pistolas na caminhonete e abordei o homem agressivamente. Com as mãos segurando as armas por baixo do moletom, eu perguntei com severidade:

— Por que você está seguindo a minha esposa, [palavrão]?

— Eu não estava — balbuciou ele. Aquela resposta curta me enfureceu. Eu me aproximei mais até estarmos quase nariz com nariz. A mentira intensificou minha raiva a ponto de ter vontade de dar uma coronhada nele.

Então, rangendo os dentes, perguntei:

— Então você está chamando minha esposa de mentirosa?

Nesse momento, eu esperava que ele me desse uma razão para liberar minha fúria. Mas, em vez disso, ele ficou ali, congelado como se tivesse acabado de perceber a seriedade da situação.

— Na próxima vez que você vir minha esposa por aqui, é melhor andar na direção oposta — alertei-o com a voz firme, mas com o espírito longe da calma.

O homem "masculino" típico ia aplaudir minha reação emocional e não estratégica, mas ela foi um grande fracasso de minha parte: se o homem tivesse me enfrentado, isso poderia ter custado sua vida e colocado minha liberdade em risco — e com que propósito? Nicole já estava em segurança na minha caminhonete antes que eu decidisse confrontá-lo. Não havia nenhum perigo iminente, eu devia ter simplesmente ido embora.

Esses são os momentos que podem alterar o curso de inúmeras vidas, incluindo a de milhões de homens encarcerados. E para quê? Para provar algo? Como protetores, vamos fazer qualquer coisa para manter nossa família em segurança, entretanto, minha reação destaca como ficar no modo leão pode levar a decisões que podem parecer certas no calor do momento, mas na verdade põem em risco o mais importante: o orgulho, um símbolo poderoso para nossa família e linhagem.

Nesses momentos, devemos nos esforçar para sermos lutadores completos, sempre processando nossas respostas antes de agir, em vez de reagir a emoções erráticas. Precisamos aprender a refletir, a rejeitar e a reiniciar para podermos manter a estabilidade emocional em qualquer situação.

Se eu não fosse fisicamente preparado e com treinamento militar e em artes marciais, eu não teria estado pronto nem confiante para defender minha mulher e meus filhos, com ou sem arma. Se eu não tivesse trabalhado para dominar o autocontrole em vez de permitir que minhas emoções me controlassem, eu poderia ter reagido temerariamente em vez de responder com eficácia.

Você não pode defender o que não foi disciplinado. Em outras palavras, sem disciplinar a mente e dominar suas emoções, você não vai ter a fortaleza mental nem a estabilidade emocional exigidas para permanecer calmo sob pressão, tomar decisões rápidas e racionais e se proteger de outras pessoas quando necessário.

Lutando por respeito

Antes de concluir as características do Lutador, quero mencionar uma última coisa pela qual nós homens temos de lutar: *respeito*. Quando minha mulher e eu visitamos o México, percebi que o pessoal dos hotéis sempre se dirigia a mim primeiro. No entanto, quando visitamos ilhas tropicais, os anfitriões do sexo masculino e/ou mordomos atendiam a minha mulher, quase como se eu nem estivesse ali. No início, achava que era só comigo, mas outros homens confirmaram que isso também acontece com eles. Nessas situações, é imperativo para você estabelecer os termos para qualquer homem que esteja na presença de sua mulher, de sua família ou de pessoas amadas.

Em uma visita às Maldivas, Nicole e eu fizemos um tour pela ilha onde íamos ficar. Durante o passeio, observei que nosso mordomo dirigia suas perguntas e sugestões para Nicole. Em vez de dar espaço aos meus sentimentos, tirei um breve momento para processar minhas emoções, calculando o objetivo final antes de dizer alguma coisa. Então, esperei pelo momento certo.

O mordomo disse para Nicole:

— Sra. Wilson, se a senhora quiser usar o Wi-Fi, aqui estão o nome e a senha.

Antes que Nicole pudesse digitar uma letra de informação de login, eu perguntei abruptamente, mas com respeito:

— O Wi-Fi é só para ela?

Com uma expressão surpresa, ele respondeu:

— Não, sr. Wilson, ele é para todos. — Então, com assertividade gradual, eu me inclinei para a frente e entrei no espaço dele com o celular na mão, esperando a informação. Isso estabeleceu o tom para o resto de nossa estada. No encontro seguinte, ele me incluiu intencionalmente na discussão e fiquei grato por isso. Em sua defesa, ele deve estar acostumado com mulheres planejando e comandando a experiência de férias. Mas quando terminou nossa estada, ele sabia que havia mais na masculinidade que apenas prover e proteger.

Homens, vamos garantir que nossa energia demonstrativa não seja dirigida equivocadamente na direção daqueles que devemos proteger — nossas esposas e filhos. Ao permanecermos calmos e sermos assertivos nesses momentos, em vez de permanecermos em silêncio, nós comunicamos claramente o que não é aceitável para nós. Isso não apenas estabelece o padrão para o respeito que merecemos, mas também encoraja nossas esposas a nos defender quando necessário. Por exemplo, Nicole informar ao mordomo: "Eu sou casada, e gostaria que você falasse com nós dois."

Não estamos exagerando quando nos sentimos desrespeitados nessas situações. Imagine se os papéis fossem invertidos, com uma recepcionista mulher dirigindo toda atenção a você — sua esposa não ia tolerar isso nem deveria. Em vez de recorrer à confrontação física, utilize habilidades de luta completos. Essa abordagem estratégica permite que você expresse suas emoções de forma eficaz, afirme suas necessidades e defenda sua posição quando necessário.

ENTRE
EM AÇÃO

Atividade nº 1: Experimente mergulhar em água gelada

Para criar a resiliência de um guerreiro, apenas o aprendizado intelectual não é suficiente; você vai precisar testar sua mente e seu corpo – com frequência. Uma das disciplinas que adotei é mergulhar em água gelada, o que envolve submergir meu corpo até as orelhas em água a cerca de quatro graus Celsius, de três a dez minutos. Isso não é apenas um teste físico; também é um processo de liberar minha alma, fortificar minha mente e me entregar a meu espírito. Segundo o Centro de Saúde Mental dos Estados Unidos, "a exposição ao frio aumenta a produção de um neurotransmissor chamado norepinefrina (foco, atenção, vigilância, estado de ânimo). Como resultado, a terapia de frio pode produzir uma sensação de calma, felicidade e bem-estar, o que pode apoiar a redução de sintomas de saúde mental como depressão e ansiedade".[9]

Nos domínios frios da água congelante, sua alma pode pedir que você escape. Reconhecer esses sentimentos como respostas naturais à adversidade é fundamental. Entretanto, você deve incorporar o espírito de um lutador completo e ordenar qualquer emoção que indique fraqueza a se retirar. Dominar esse controle da alma vai empoderar você, além de equipá-lo para superar com eficácia as adversidades sempre que elas forem encontradas.

Muitas vezes, ouço homens pedindo paz, mas a placidez sempre vai nos escapar quando nossas almas não estiverem acalmadas e silenciadas, o que proíbe nossas mentes de permanecerem focadas no Altíssimo (Salmo 131:1; Isaías 26:3). A paz é um estado que devemos nutrir dentro de nós mesmos antes que possa se manifestar ao nosso redor. É um erro acreditar que a mente é a única a controlar o corpo; na verdade, nossa alma, que abriga emoções, quase sempre desconsidera o que a mente transmite. Assim, ser mentalmente forte não é suficiente. Contudo, quando um homem consegue caminhar e lutar pelo Espírito, a carne se torna escrava da vontade de Yah (Gálatas 5:16).

Se não conseguimos acalmar e aquietar nossa alma durante tempos difíceis, encontrando conforto no desconforto, vamos sucumbir ao nosso entorno em vez de transformá-lo.

Aviso: assim como em qualquer prática física, por favor, consulte seu médico antes de fazer um mergulho gelado para garantir que isso é seguro para você.

Atividade nº 2: Lutar antes da luta

É imperativo que você lute e vença suas batalhas internas antes que elas se manifestem em guerras externas. Eu me refiro a isso como "lutar antes da luta", um conceito de combate em que você processa seus pensamentos e emoções de forma completa antes de expressá-los verbal ou fisicamente. Estas são minhas cinco estratégias fundamentais para ajudar você a desenvolver essa habilidade.

1. **Lute espiritualmente:** Nossas armas de batalha não são carnais, mas têm poder divino para demolir fortalezas (2Coríntios 10:4). Sempre faça orações e vista a armadura completa de Yah (Efésios 6:10-18) para

resistir firme contra os esquemas do diabo e submeter todos os pensamentos em obediência a Yahushua (2Coríntios 10:5).

2. **Confronte o trauma:** Avance no campo de batalha de sua mente todos os dias e com bravura. Reconheça cada emoção que surgir sem se condenar.
3. **Pare de suprimir:** Aceite a franqueza com a mesma força e lágrimas de seu grito de batalha. Fazer isso ajuda a desmantelar as barricadas mentais que isolam você de pessoas amadas e da própria vida.
4. **Faça alianças:** Busque aconselhamento profissional e cerque-se de homens de coragem, competência e caráter. O caminho da guerra que leva à liberdade mental não deve ser enfrentado sozinho, mas com o apoio daqueles comprometidos com seu crescimento e sucesso.
5. **Evolua cognitivamente:** Transforme sua mente em uma força formidável — capaz de derrotar pensamentos negativos antes que eles se tornem ações prejudiciais. Leia livros sobre a mente e as emoções, pratique meditação Shalach e aplique estratégias para solucionar problemas. Dominar esse processo em tempo real permite que você passe pelos desafios da vida com discernimento e cautela.

Atividade nº 3: Tempo de espelho

Pegue seu espelho e olhe em silêncio nos olhos do homem ali refletido. Não desvie o olhar por sessenta segundos. Então, valide esse homem por meio das seguintes frases:

- Eu posso ter perdido algumas batalhas físicas, mas no fundo ainda sou um lutador.

- Eu não preciso machucar outra pessoa para provar que sou poderoso.
- Eu não vou ser dominado pelas minhas emoções; em vez disso, vou governá-las.
- Eu não vou mais sofrer em silêncio, mas vou lutar contra o desejo de estar sozinho e, com confiança, vou buscar ajuda quando estiver perto do limite.

4. O provedor

O provedor garante a provisão de recursos, orientação e apoio essenciais para sua família, seus amigos, sua comunidade e para si mesmo.

Após minha palestra em uma conferência em Ohio, um homem que esperava na fila para que eu assinasse um exemplar de meu livro compartilhou com honestidade suas lutas emocionais em relação à mãe, que estava sofrendo de demência. Enquanto falava, ele expressou como tinha de permanecer forte para ela e para toda a sua família. Muito do que ele disse ressoou comigo porque eu tinha passado por uma experiência semelhante com minha própria mãe.

Quando ele terminou, perguntei sobre o bem-estar dele. Com um sorriso cálido, embora um pouco cansado, ele respondeu:

— Eu estou ótimo. Fazendo o que um homem precisa fazer.

Eu respondi com delicadeza:

— Você sabe que não tem problema chorar.

Enquanto ele mantinha um sorriso contido, lágrimas brotaram em seus olhos. Sem hesitação, eu o abracei, e ele expressou uma gratidão profunda por receber permissão para ser humano.

Homens quase sempre se dedicam às necessidades de outras pessoas enquanto suprimem seus próprios sentimentos. Como homens, fomos encarregados da responsabilidade de prover para o bem-estar de nossas famílias, um emprego que levamos tão a sério que costumamos nos esquecer de que somos parte dessa família e também precisamos de cuidados.

Entretanto, há algo além na masculinidade — nosso valor vai além do nosso trabalho. Embora sintamos isso por dentro, continuamos a comunicar ao mundo, de forma persistente e subliminar, que nosso valor é determinado apenas por nossas aspirações profissionais. Por causa disso, muitos homens honrados impulsionaram a si mesmos na direção de finais prematuros. Confie em mim: sem descanso, você corre o risco de chegar a um ponto em que também vai quebrar.

No princípio, Yah criou a terra e tudo o que há nela em seis dias e descansou no sétimo, o Sabbath. Isso é importante de dizer porque o todo-poderoso Yah podia com facilidade ter criado tudo em um dia só. Também é interessante observar que, no quarto dia, quando Yah criou o sol e a lua, Ele não fez a luz da lua tão brilhante quanto a do sol. Acredito que isso foi intencional para encorajar o descanso à noite, não o trabalho.

Humanos são os únicos que criaram luzes brilhantes para a noite: da iluminação das ruas a nossas telas de celular, nossos cérebros agora são estimulados a continuar trabalhando quando nossas mentes, nossos corpos e nossas almas carecem urgente de repouso.

O dr. Michael Breus, psicólogo clínico e especialista em medicina do sono, afirmou: "Seu relógio interno reage a indicadores de luz e escuridão para se preparar para quando estiver acordado e quando estiver dormindo. Manter as luzes acesas ao tentar dormir pode confundir seu relógio interno e fazer você acordar ou ter um sono de qualidade mais baixa."[1]

O papel de provedor sofreu mudanças extremas ao longo da história humana. Originalmente, como caçadores-coletores, os provedores caçavam ou pescavam, levando alimento para grupos familiares, ou procuravam vegetação selvagem para coletar. Eles protegiam suas famílias de perigos físicos e as ajudavam a tomar decisões. Eles construíam abrigos, faziam roupas e praticavam comércio com outros grupos.

Com o avanço da civilização, o papel do provedor ficou mais complicado. Nós não saímos e caçamos mais no sentido tradicional.

Em vez disso, precisamos de empregos para ganhar dinheiro para fazer compras, pagar contas em nossas casas, cobrir custos de transporte, comprar roupas para a família, pagar pela educação de nossos filhos e pagar por férias e outras coisas não essenciais. Se tivermos sorte. Quanto mais você pensa a respeito disso, mais esmagador isso se torna.

Infelizmente, só quando chegamos a um ponto de ruptura as outras pessoas percebem que estamos à beira de um colapso mental. Muitos homens preferem cair sobre as próprias espadas, escolhendo não dizer palavras que podem aliviar o fardo sobre suas almas, em vez de dividir suas preocupações com outras pessoas.

Ser um provedor é um objetivo nobre, sobretudo em um mundo onde o peso das responsabilidades esmaga muitos homens. Ainda assim, o homem completo acolhe essa característica sem comprometer o próprio bem-estar nem o futuro financeiro de sua família.

O provedor financeiro

Um aspecto de ser um provedor completo é cuidar do futuro financeiro de sua família. Isso traz à mente 1 Timóteo 5:8: "Ora, se alguém não tem cuidado dos seus e especialmente dos da própria casa, tem negado a fé e é pior do que o descrente." Para alguns, esse dever é dividido entre o marido e a mulher. Para outros, pode cair pesadamente sobre os ombros de uma única pessoa. De qualquer modo, não é menos triste quando ouvimos histórias de famílias caindo na ruína financeira e terminando nas ruas.

Em 2020, o Departamento do Censo dos Estados Unidos lançou um relatório chamado "Arranjos familiares e de moradia nos Estados Unidos" (*America's Families and Living Arrangements*, em inglês), que descobriu que crianças em famílias sem pai eram quatro vezes mais propensas a viver na pobreza.[2] Entretanto, em novembro de 2022, seu relatório intitulado "Arranjos históricos de moradia para crianças" (*Historical Living Arrangements of Children*, em inglês) descobriu que mães solteiras eram responsáveis por 80% dos lares com apenas um dos pais.[3] E a Faculdade Americana de Obstetras e Ginecologistas emitiu uma opinião em outubro de 2013 intitulada: "Cuidados médicos para mulheres em situação de rua" (*Healthcare for Homeless Women*, em inglês), afirmando que as mulheres eram chefes de 84% das famílias desabrigadas.[4] Por que estou contando isso a você? Para demonstrar quão importante é para os homens contribuir financeiramente para o sucesso financeiro de suas famílias.

Nesse sentido, estudos mostram de forma consistente que casais casados têm renda doméstica mais alta e têm maior habilidade de construir riqueza juntos. Ao combinar recursos, compartilhar responsabilidade e obter benefícios fiscais, casais costumam achar mais fácil atingir seus objetivos financeiros. Dados de um estudo da America Enterprise Institute de 1980 a 2012 revelaram que entre famílias com pais casados, a renda familiar média aumentou 30%, enquanto famílias com pais solteiros viram suas receitas subirem apenas 14% ao longo do mesmo período.[5]

Acredite em mim, apesar de minha mulher e eu não termos nos casado por ganho financeiro nem estarmos inicialmente conscientes da riqueza geracional, ao longo de nossos 25 anos juntos, experimentamos em primeira mão como um casamento forte pode levar a vantagens fiscais incríveis.

Nossa colaboração transformou o que poderia ter sido uma jornada financeira diferente em um caminho claro e com propósito. Juntos, Nicole e eu alinhamos nossos esforços na direção de poupar para comprar uma casa nova, para a educação de nossos filhos e para a aposentadoria. Trabalhar juntos para administrar nossas despesas e contas aliviou o estresse de apenas uma pessoa carregar o fardo financeiro sozinha.

O principal benefício de ter uma abordagem de equipe em relação às finanças no casamento é que passamos a fazer escolhas mais pensadas e informadas, reduzindo a probabilidade de gastos impulsivos ou emocionais. Quando um casal é "uma única carne" nas finanças, isso promove um sucesso financeiro mais seguro e próspero.

Em minha mentoria de inúmeros homens jovens e solteiros, enfatizo constantemente o poder transformador de escolher a verdadeira parceira de vida e ficar com ela. Quando você está sozinho, as repercussões de erros financeiros afetam apenas você. No entanto, quando suas decisões impactam não apenas sua esposa, mas também seus filhos, um pai e marido responsável pensa meticulosamente em cada escolha financeira. Essa reflexão cuidadosa se torna uma pedra fundamental na construção de riqueza geracional, elevando o potencial de um legado duradouro.

Certa manhã, durante o café, Nicole e eu conversamos com nossos filhos sobre a importância da riqueza geracional. Nós contamos como era importante para nós deixar para eles não apenas uma herança financeira, mas também a sabedoria e os valores para criar uma vida próspera para eles mesmos. As palavras profundas de minha filha ainda ressoam: "Pai, a riqueza geracional começou quando você e minha mãe ficaram juntos. Nós não podemos construir sem uma fundação."

Não há problema em dizer que está cansado

Nicole e eu desejávamos umas férias de duas semanas em Dubai e nas Maldivas para comemorar nossos 25 anos de casados. É claro, alcançar isso exigiu certo empreendedorismo extra, pois contar apenas com nossos salários sem fins lucrativos não teria sido suficiente. Isso também exigiu que nos comunicássemos com eficácia um com o outro.

Uma manhã antes da viagem, Nicole e eu estávamos na cama vendo vídeos e pacotes de spas. Nicole sempre me dizia para escolher o pacote de massagem que eu queria, mas eu não estava me sentindo mentalmente disposto a fazer isso naquela manhã. Quando expliquei para Nicole como eu me sentia mentalmente esgotado, ela pareceu surpresa.

— Jason, eu planejei essa viagem por dois anos. Você podia pelo menos tirar um momento para escolher o pacote que quer.

Eu reconheci com calma que valorizava seu esforço e também mencionei que tinham sido meus ganhos extras que pagaram pela viagem. Minha resposta inicialmente a incomodou, porque em nossos 25 anos juntos, nunca separamos nossos papéis quando se tratava de finanças, e essa mudança a deixou desconfortável. Eu tive de garantir a ela que nunca ia botar o peso de minha contribuição para nosso lar sobre a cabeça dela, mas dói quando meu faturamento extra é menosprezado.

Eu estava mentalmente exausto e precisava de férias nas quais não tivesse de pensar sobre nada. Nicole merecia a viagem de sua vida, e tinha todo o direito de desejar isso, mas eu precisava que ela entendesse que eu estava chegando perto de um ponto de ruptura. Nicole ouviu meu coração e apertou minha mão enquanto continuamos a explorar pacotes de spa em Dubai. Era crucial encontrar um jeito de comunicar como eu estava perto do limite sem permitir que a raiva ou a frustração estragasse o momento. Às vezes, como maridos, precisamos ajudar nossas esposas a entender o peso que carregamos como o provedor sem deixar que nossas emoções atrapalhem a conexão entre nós.

Naquele momento de tranquilidade, com nossas mãos entrelaçadas e a promessa de férias relaxantes à frente, eu esperava que Nicole pudesse ver o amor e o apreço que eu tinha por ela. Eu queria que ela soubesse que, apesar de minha exaustão, minha devoção por ela era inabalável. Essa viagem não era apenas uma celebração de nossos 25 anos juntos, mas também uma chance de renovar nosso vínculo. Nós agora podemos riscar alegremente essa viagem da nossa lista de desejos.

A importância do relaxamento

O trabalho árduo devora a tranquilidade. Ser um provedor não significa que você está sempre em movimento, lutando para ganhar a quantia seguinte, por mais popular que esse mito possa ser hoje. Eu costumava ficar preso na labuta incessante, um prisioneiro de suas exigências. Repousar parecia ser um luxo inalcançável que eu não ousava aceitar.

Lembro-me vividamente dos dias em que ficava preso em encarceramento emocional e acordava de repente de um necessário cochilo ao mais leve som da volta de Nicole. Essa é uma história que ouvi ser repetida nas vidas de inúmeros homens de todas as camadas sociais e cantos da sociedade. Uma sombra de medo assoma sobre nós sempre que surge uma oportunidade de tirar um cochilo provocada por uma apreensão injustificada de sermos rotulados de preguiçosos.

Essa é uma tragédia lamentável — essa hesitação em nos recostarmos e nos permitirmos um momento de repouso. A verdade é severa: uma multidão de homens segue com hesitação o caminho do descanso, temendo o estigma de não ser bem-sucedido. Mas aqui está o problema essencial. Quando perguntei a muitas mulheres sobre suas opiniões sobre homens e cochilos, elas foram unânimes em dizer que desejavam ver seus maridos acolherem mais o descanso e encontrarem consolo no sono.

Quando falo em tirar tempo para cochilar, aquilo de que na verdade estou tratando é a noção da manutenção pessoal. Em meio a todo nosso trabalho duro e empolgação, não devemos nos esquecer de nós mesmos. É crucial evitar qualquer colapso mental ou *burnout* potencial. Então, enquanto estamos correndo atrás de nossos sonhos, devemos ter a certeza de tirarmos momentos para repousar e recarregar, garantindo que nossa busca por algum sonho não se transforme em um assustador pesadelo com a falta de saúde. Afinal de contas, cuidar de nós mesmos ao longo do caminho é tão importante quanto atingir nossos objetivos. Trabalhe muito, mas relaxe ainda mais!

Está escrito: "Se um homem não trabalha, um homem não come" (2Tessalonicenses 3:10, parafraseado). Entretanto, como sempre digo, se nunca pararmos de trabalhar para descansar, o trabalho vai nos fazer descansar para sempre. Nós, homens, valemos muito mais que a soma de nosso trabalho. Embora o mundo dê indícios do contrário, devemos permanecer inabalados — nosso valor transcende nosso esforço. Essa visão aparentemente simples combate um mundo que insiste em marcar nossa existência pelo suor de nossas testas — prendendo muitos no estilo de vida triturante que leva a uma morte antecipada.

Nessa dança frenética com o tempo, não desprezemos a sabedoria profunda de um breve intervalo. Um alívio diário, como um cochilo de 15 a 20 minutos, não deve ser visto como um obstáculo a suas responsabilidades, mas como um descanso que reabastece o espírito. A verdade revela a si mesma: se a perspectiva de um breve hiato coloca em risco sua capacidade de prover, então precisamos enfrentar um problema muito mais sério.

Desde 2018 tenho trabalhado diligentemente — escrevendo dois livros de sucesso em três anos, arrecadando dinheiro, reformando o prédio de nossa organização sem fins lucrativos e filmando um documentário premiado, entre outras coisas. Embora eu mantivesse um regime diário de descanso, dormindo um mínimo de sete horas por noite e respeitando o Sabbath, minha capacidade mental diminuiu. Nicole e as pessoas próximas a mim viram isso.

Eu conhecia e apliquei o princípio de repousar na provisão de Yah, mas me desviei disso quando chegamos a Dubai. Essa era a minha parte da viagem! A tecnologia, a arquitetura, ver as pessoas em um dos maiores shoppings do mundo e os carros exóticos, tudo isso me fascinou. Lamentavelmente, permiti que minha empolgação superasse minha necessidade de descanso. Como resultado, desenvolvi uma sinusite séria no segundo dia em Dubai e caí de cama no terceiro, tomando antibiótico. Depois de algum tempo, fui tomado pela frustração e fiquei muito decepcionado por ter de cancelar as atividades que Nicole e eu tínhamos planejado para aquele dia.

Em nosso quarto dia em Dubai, eu me sentia uns 60% e tive energia suficiente para enfim me divertir. Depois de um tour pelo edifício Burj Khalifa e pelo Dubai Mall, precisei voltar ao hotel para um cochilo de meia hora antes de pegarmos um táxi para o Museu do Futuro.

Eu não sabia que Nicole também queria visitar as fontes, uma atração turística popular em Dubai. A essa altura, eu tinha começado a sentir dores musculares por todo o corpo. Será que conseguiria ignorar esse desconforto? É claro, mas, em vez disso, escolhi ser um homem completo em vez do macho masculino sempre na ativa. Olhei para Nicole e lembrei a ela calmamente de que eu tinha tido uma sinusite séria. O médico tinha me aconselhado descansar, mas eu estava caminhando o dia inteiro. Um bom marido deseja abençoar sua esposa, mas muitos de nós acabamos atuando para nossas mulheres em vez de simplesmente amá-las. É necessário para nossa saúde que às vezes decepcionemos aqueles que amamos.

Nicole tinha feito reservas para um restaurante no centro, mas sem que ela soubesse, clientes homens não podiam entrar de bermuda. Fizemos uma viagem de 30 minutos de volta a nosso resort, onde Nicole tinha feito reservas para o jantar. Eram 23h quando terminamos de comer. Você acredita que mesmo assim não dei ouvidos a meu corpo e escolhi sexo em vez de descanso? Pela manhã, acordei com dores terríveis dos pés à cabeça. Tinha espasmos paralisantes no quadril esquerdo e em toda a lombar — o pior que eu já tinha sofrido!

Homens quase nunca vertem lágrimas pela dor em si; são as emoções mais profundas ligadas ao porquê de a dor ter acontecido ou pelas oportunidades perdidas por causa da dor que realmente nos levam às lágrimas. Minha própria experiência ecoou essa verdade. Chorei enquanto Nicole me secava depois de me dar banho. Minha força havia desaparecido, e eu nunca tinha experimentado esse tipo de exposição na vida. Estava nu, envergonhado, sentindo dor e fisicamente preso a uma cadeira como se tivesse sido pregado nela. Toda vez que tentava me levantar, minha carne me puxava de volta.

Felizmente, nosso resort tinha uma clínica completa, e Nicole pediu uma cadeira de rodas. Após receber três medicações intravenosas para a dor, fui levado na cadeira de volta para nossa suíte. Quando eu estava sentado vendo o pôr do sol sobre o oceano, processei a emoção da raiva e deixei que meu coração rejeitasse o que eu estava sentindo de fato — decepção. Lágrimas escorreram lentamente pelo meu rosto, e eu chorei, porque tinha trabalhado muito duro por essa viagem. Em nosso último dia em Dubai, tudo o que consegui fazer foi ficar deitado no colchão com dor.

Estava mais focado em fazer coisas em Dubai que em repousar no Altíssimo. Mas quando experimentei a beleza espetacular e a brisa calmante das Maldivas, citei o Salmo 119:67 em meu espírito: "Antes de ser afligido, andava errado, mas agora guardo a tua palavra."

Não é coincidência que pastores ou pessoas que respeitam o Sabbath estejam sempre à beira de um colapso quando fazem isso. Respeitar o Sabbath ajuda a manter nossa saúde física, mental e espiritual. Incorporar os princípios do repouso e da reflexão do

Sabbath na vida diária, combinado com outras práticas de manutenção pessoal, pode contribuir para uma vida mais saudável e reduzir bastante o risco de *burnout*.

Não se trata de escapar — trata-se de criar uma vida que lhe traga alegria. Até o Messias se retirava pela manhã, mas Ele nunca se afastava muito de Seus discípulos e de Sua missão. O escapismo é a mentalidade que sugere a necessidade de longos períodos afastado para rejuvenescer. O que quero dizer é que a verdadeira paz nunca pode depender exclusivamente de um lugar; ela deve vir de dentro, não importa onde estamos no momento.

Nesse período em Dubai, aprendi que a paz deve ser independente da localização. Para algumas pessoas, o escapismo se torna a única forma de sobrevivência. No entanto, um homem do Altíssimo não deixa que suas emoções ditem sua vida nem sua atitude mental em relação a desafios. Em vez disso, ele precisa aprender a se adaptar e a encontrar contentamento e estabilidade em todas as situações, seja em tempos de fartura, seja de escassez (Filipenses. 4:11–13).

Acredite se quiser, tenho mais prazer andando de bicicleta pelas ruas de Detroit sentindo a brisa gentil contra o capacete do que tive sentado junto das águas turquesa das Maldivas. A dor que tive em Dubai estava fadada a me ensinar *outra vez* a repousar em Yah e não na minha agitação.

Na verdade, nosso valor não depende do nosso empenho nem é medido pelo suor do trabalho incessante. Nossa força não está apenas na marcha persistente em direção à guerra e à luta. Ela também é vista na sabedoria de parar e retroceder momentaneamente para se recuperar da luta implacável. Isso não é um ato de concessão; é uma declaração do nosso livre-arbítrio em relação às decisões nas nossas vidas.

A verdadeira força se intensifica não apenas por meio da ação, mas da sabedoria de repousar. Muitos homens se gabam de suas façanhas, chamando a si mesmo de "feras", porém eles não veem que o rei dos animais, o leão macho africano, conserva suas forças descansando até 20 horas por dia. O repouso não é sinal de preguiça; é estratégico, permitindo que o leão seja eficiente e poderoso durante as caçadas. Então, homens, vamos destroçar o estigma associado ao repouso e reivindicar o poder de descansar sem remorso — de cochilar sem culpa. Isso não é mero ócio, mas um ato deliberado de fortificação. Repousar, portanto, não é um lapso em sua resiliência, mas uma recarga consciente dela!

A vida desequilibrada

Dominar a arte de uma vida desequilibrada exige foco nas coisas que mais importam. Influenciadores nas redes sociais e palestrantes motivacionais estão sempre elogiando o conceito de viver uma "vida equilibrada". Contudo, deixe-me alertá-lo: esse ensinamento, embora bem-intencionado, pode ser um caminho perigoso, botando todas as coisas no mesmo nível. Mas, no fundo, nós todos sabemos que certas coisas devem pesar mais na balança que outras.

Visualize minha vida como uma balança de dois pratos perfeitamente equilibrada; em um prato fica meu relacionamento com Yah, Sua vontade, minha família e a manutenção pessoal. No outro prato estão minha carreira, meus projetos comunitários, interesses comerciais e investimentos. Se tudo estiver igualmente equilibrado, estou dando atenção igual aos dois lados — e nada na verdade tem prioridade. Isso leva a um foco embaçado, com os aspectos mais importantes de minha vida sendo negligenciados. Então quando a balança de minha vida parece equilibrada, eu deliberadamente a altero, pendendo para o lado que mais importa. Meu relacionamento com Yah, Sua vontade, minha família e a manutenção pessoal devem sempre ter peso maior.

Quando consideramos todas as coisas como sendo de igual importância, nós nos concentramos apenas no trabalho e nos transformamos em seres que fazem e não em seres humanos. Contudo, quando rejeitei a noção de uma "vida equilibrada", finalmente experimentei o amor, a paz e a afirmação que tanto desejava.

Agora é a sua vez de dar um passo essencial para se tornar o provedor que você foi feito para ser.

ENTRE EM AÇÃO

Atividade nº 1: Comece a construir riqueza geracional

Não é preciso ganhar muito para aumentar sua riqueza e deixar herança para seus filhos. Você só precisa ser instruído, disciplinado e investir com consistência.

1. **Aprenda.** Use um dos recursos desta lista:
   - *Pai rico, pai pobre*, de Robert Kiyosaki
   - *O milionário mora ao lado*, de Thomas J. Stanley e William D. Danko
   - *A transformação total do seu dinheiro*, de Dave Ramsey
2. **Faça um orçamento.** Se você não está vivendo dentro de um orçamento, comece hoje. Um orçamento é um plano para suas finanças. Ele diz a seu dinheiro aonde ir em vez de sua operadora de cartão de crédito dizer a você aonde ele foi. Fazer um orçamento é simples. É possível baixar vários aplicativos gratuitos ou de baixo custo para ajudar a começar.

3. **Pague dívidas.** Em seu orçamento, torne uma vida sem dívidas sua prioridade. Junto a sua esposa, comprometa-se a eliminar sua dívida o mais depressa possível. A riqueza geracional se trata de ter dinheiro para emprestar a outras pessoas, não pedir dinheiro emprestado aos outros.
4. **Invista para o futuro.** Procure um assessor de finanças pessoais perto de você. Recomendo achar alguém com quem possa conversar cara a cara, não uma empresa com quem você se conecte pela internet. Compartilhe os objetivos, os sonhos, a renda, os ativos e as dívidas. Então, trabalhem juntos para criar um plano sensato a fim de ajudar a garantir seu futuro, viver seu propósito e investir nos filhos de seus filhos (Provérbios 13:22).

Atividade nº 2: Avalie hábitos de sono

Adultos precisam de sete a oito horas de sono por noite, incluindo uma ou duas horas de sono profundo. Álcool, refeições pesadas e ficar jogando até tarde da noite, tudo isso afeta seus padrões de sono. É por isso que faço minha refeição mais pesada no almoço. Meu objetivo diário é não comer carne depois das 19h, uma estratégia comum para controlar o peso e melhorar a digestão.[6] Em noites em que saio com minha esposa, costumo comer mais tarde, mas tento limitar isso a quatro ocasiões por mês. Consulte seu médico ou um nutricionista para ver se esse jeito de se alimentar é ideal para sua saúde.

Se você está administrando bem seu sono, mas ainda se sente cansado, peça a seu médico um estudo do sono. Homens são duas vezes mais propensos que mulheres a terem apneia do sono, e um sono ruim pode causar disfunção erétil, hipertensão, derrame e uma miríade de doenças cardiovasculares.[7] Seu sono ruim pode não ser resultado de seus hábitos; você pode precisar de tratamento médico.

Você precisa cuidar de algum desses comportamentos?

Atividade nº 3: Tempo de espelho

Pegue seu espelho e olhe em silêncio nos olhos do homem ali refletido. Não desvie o olhar por sessenta segundos. Então, valide esse homem por meio das seguintes frases:

- "Descanse em paz" não está reservado apenas para o além. Eu posso tirar um cochilo.
- Eu tenho mais valor do que posso prover para os outros. Sou valorizado e apreciado por quem sou, não apenas pelo que faço.
- Eu não sou preguiçoso – eu vou trabalhar muito, mas vou descansar ainda mais.
- Vou deixar uma boa herança para meus netos, acumulando riqueza que beneficie gerações de minha linhagem.
- Eu não vou amar dinheiro, mas vou respeitar seu papel – minha alma não merece ser sacrificada por riqueza (1Timóteo 6:10).

5. O líder

O líder guia e inspira os outros. Ele sabe quando falar e quando ouvir — liderando pelo exemplo, não pela intimidação.

Muitos homens acreditam que a liderança deve ser abertamente visível. Qualquer outra coisa além de ser *intenso* é sinal de fraqueza. Entretanto, alguns dos maiores guerreiros da história — os samurais — eram na verdade líderes servis. A palavra *samurai* tem origem na palavra japonesa *saburau*, que significa "servir". Na verdade, era considerado desonroso para um samurai não ter um mestre ao qual servir. A partir disso, vemos que os líderes mais eficazes são na verdade aqueles que desejam servir aos outros em vez de acumular poder ou buscar controle.

De Nelson Mandela e Martin Luther King Jr. a Madre Teresa e Mahatma Gandhi, o mundo testemunhou curas profundas quando líderes servis entraram em ação. Se o modelo predominante de liderança intensa e demonstrável fosse realmente eficaz, o mundo talvez seria um lugar melhor. Contudo, alguns homens, levados apenas por uma perspectiva masculina, têm a tendência de centrar sua liderança em si mesmos em vez de nas pessoas que dizem liderar. Além disso, quando seus planos e políticas falham, eles frequentemente culpam outras pessoas em vez de analisarem suas próprias atitudes.

Ao refletirmos sobre o papel de liderança de um homem completo, você vai entender que ele não é apenas um líder servil de Yah levando adiante os mandamentos do Altíssimo aqui na terra, mas também é o chefe de seu lar, praticando boas habilidades de escuta e trabalhando com sua esposa para servir a sua família da melhor maneira possível.

No cerne da liderança servil estão o serviço sacrificial e o apoio — princípios que se erguem em forte contraste com a busca de poder e de controle. Ela prioriza se sacrificar para servir e estimular os outros, sobretudo em momentos de vulnerabilidade e desespero. O sacrifício não se trata de fazer o que você deseja; trata-se de fazer o que precisa ser feito, especialmente quando você não tem vontade de fazer isso. Quando vamos além de nossas vontades imediatas e agimos tendo responsabilidade em mente, guiados por um propósito maior, nós nos tornamos uma força motriz que nos empurra além das zonas de conforto até as frentes do serviço e do impacto.

Em um mundo assolado por ganância, divergências e saúde mental em deterioração, é vital que os homens liderem como servos em vez de se concentrarem em serem servidos, liderando pelo exemplo, não pela intimidação (Provérbios 28, 16). Em vez de reduzir a luz de outras pessoas para fazer com que a sua pareça mais brilhante, invista seu tempo em acender o pavio delas e, quando necessário, ofereça seu apoio para ajudá-las a acender uma nova fonte de iluminação.

No entanto, tome cuidado para não apagar sua própria chama no processo, pois enquanto alguns podem mudar ao verem a luz, outros necessitam do calor transformador da adversidade para realmente mudar.

Você não pode salvar todo mundo

Certa tarde, enquanto eu falava com um novo grupo de alunos na Caverna de Adulão, peguei um jarro de água e um copo, pus os dois à minha frente. Eu disse aos garotos do Ensino Fundamental que o copo os representava, enquanto o jarro me representava.

O conteúdo do jarro significava meu amor, meu sacrifício e minha disciplina, e eu estava disposto a derramar tudo isso dentro deles. Então, lenta e cuidadosamente, derramei água do jarro no copo e o enchi até a borda.

Olhei para todos os garotos e perguntei:

— O que precisa acontecer para que eu derrame mais água nesse copo?

A resposta deles foi:

— Alguém precisa bebê-la, Sharath! — Em vez de *sensei*, meus alunos me chamam de Sharath, que significa "aquele que serve" em hebraico.

— Exatamente. — Pousei delicadamente o jarro e continuei — Até beberem dele ou aplicarem o amor, o sacrifício e a disciplina que ofereço, eu não posso dar mais a vocês.

Levei décadas para aprender essa lição valiosa como servidor de minha comunidade e ministro da juventude. Eu perdia o sono sempre que algum de meus alunos deixava de aplicar minhas lições no mundo real — onde elas mais importavam. Depois de anos de uma culpa equivocada, acabei entendendo por que Yahushua disse a Seus discípulos: "porque os pobres, sempre os tendes convosco, mas a mim nem sempre me tendes" (João 12:8). Em essência, o Messias nos ensina que sempre haverá pessoas em dificuldades, mas o que realmente importa é buscar Sua vontade acima de todo o resto. Quando fazemos isso, alcançamos aqueles que *podem* ser alcançados.

Durante meus primeiros anos de aulas para garotos na Caverna de Adulão, eu com frequência me sentia desanimado. Apesar de meus esforços fervorosos, alguns deles escolhiam caminhos errados. Essas escolhas em geral levavam a consequências sérias: expulsão da escola, expulsão da casa dos pais, encarceramento em centros de detenção juvenis ou a morte. Eu agora me concentro na vontade de Yahushua no momento, me dedicando aos garotos que

Ele coloca em meu caminho que são pobres de esperança. Durante a orientação estudantil, enfatizo essa filosofia dizendo: "Vocês nunca viram uma porta na entrada de uma caverna. Vocês estão livres para irem quando quiserem e, se voltarem, vão ser sempre recebidos com a mesma recepção amorosa."

Eu não me sinto mais um fracasso quando algum de meus alunos toma decisões ruins — não é minha culpa. Eu não posso servir e salvar todo mundo. Essa é uma lição fundamental para qualquer um que deseje ser um servidor, o que todo bom líder deve ser.

Estabelecendo limites

Líderes são com frequência determinados, têm iniciativa e se orgulham de fazer com que as coisas sejam feitas. Mas essa mentalidade pode levar a assumir todas as tarefas, evitando delegá-las, e, no fim, o resultado é o *burnout*. Muitos líderes têm dificuldades para estabelecer limites porque desejam agradar aos outros, tentando fazer tudo para todo mundo em vez de pedir ajuda. Assim, sem limites, o propósito de um líder fica obscurecido pelas demandas e distrações constantes. Enquanto eu priorizasse atender ao chamado de todos, eu nunca ia atender a meu chamado divino. Por mais desafiador que fosse, eu tinha de estabelecer limites.

Em tempos antigos, cidades eram protegidas e fortificadas com muros de pedra para garantir a proteção contra os inimigos. Da mesma forma que esses muros de pedra forneciam segurança, estabelecer limites na vida se torna essencial para nos protegermos daqueles que podem querer nos explorar ou nos usar mal.

Limites também são essenciais para preservar nosso bem-estar e um senso de autoestima. Eles nos dão força para dizer não quando necessário, protegendo nosso tempo, energia e emoções para que não se esgotem. Ao estabelecer esses limites, permanecemos focados em nosso caminho estreito, em vez de nos perdermos no serviço infinito de outras pessoas. Em vez disso, deixe que seus limites não sejam apenas um sinal de respeito próprio, mas um padrão para o que você espera dos outros, fomentando conexões mais saudáveis e significativas ao mesmo tempo que permanece aberto àqueles de fato em busca do crescimento.

Liderando na linha de frente

Como líder, você tem a responsabilidade de servir não apenas a sua comunidade, mas também a sua família. Enquanto a primeira tem uma posição mais clara, a última pode ser mais difícil de ser navegada.

Pense nisso: você passou o dia inteiro trabalhando duro em seu emprego das nove às seis, em seguida, organizou um evento de jovens na sua igreja ou no centro comunitário do seu bairro. Ao chegar em casa, sua família já jantou, e seus filhos estão fazendo o dever de casa. Você se senta para descomprimir do dia e relaxar, mas então sua esposa aparece com uma pilha de contas e uma lista de coisas a serem discutidas.

Em vez de pedir um momento de trégua ou perguntar se vocês dois podem resolver isso juntos no dia seguinte, você pede a sua esposa para resolver tudo sozinha dessa vez. Ela o faz porque você se casou com uma mulher trabalhadora, mas então uma coisa parecida acontece na outra semana. Só que em vez de organizar mais um evento de jovens, você chega em casa tarde depois de assistir ao jogo em um bar de esportes. Você serviu sua comunidade, foi fiel a seu emprego e se encontrou com amigos. Mas sua família ficou em segundo plano, deixando sua esposa sem opção além de se prontificar e continuar se prontificando, carregando mais que sua cota do peso.

Se isso acontecer, você terá criado uma "esposa-mãe", ou uma esposa que exala características maternais em sua direção. Quando menos esperar, sua esposa estará pedindo sua comida, dizendo do que suas papilas gustativas vão gostar, escolhendo roupas para você comprar e falando em seu lugar quando se dirigem a você. Embora bem-intencionadas, esposas-mães criam homens que adotam o papel de uma criança dependente, alguém que não administra a própria vida, mas permite que outros façam isso por ela.

O papel infantiliza o homem, mas as consequências de homens não assumirem seus papéis de liderança por direito em suas famílias pode também ser fonte de um sofrimento profundo. Quando nos esquivamos de nossas responsabilidades e permitimos que nossas esposas assumam papéis que não apenas são esperados de nós, mas que realmente desejamos cumprir, isso prejudica nosso próprio crescimento pessoal, criando conflito em nosso interior. *Eu estou sempre me esquivando, ou tomo a frente e lidero?* Esse anseio não preenchido de liderar, tomar decisões e prover para as pessoas que amamos costuma permanecer enterrado e emergir como comportamentos passivo-agressivos. Antes que nos demos conta, censuramos nossas esposas por fazerem algo que não fizemos, mas que ainda precisa ser feito.

O peso de não assumir a liderança pode causar uma sensação de emasculação e frustração nas quais até mesmo as decisões mais simples parecem desafios insuperáveis. Tiago 1:8 nos diz que um homem hesitante é instável de todas as maneiras e, confie em mim, conheço isso muito bem. Às vezes, permiti que os estresses da vida me empurrassem para uma posição em que minha esposa, Nicole, teve de arcar com a maioria das responsabilidades de nossas vidas.

Quando faço isso, me vejo injustamente ressentido com ela, embora nunca tenha sido sua culpa. Em vez de lidarmos com as questões em minha vida que solaparam meu desejo de assumir a liderança em casa, eu espontaneamente deixo que Nicole supervisione nossa gestão financeira, planejamento de férias e a educação de nossos filhos. Deixe-me ser claro: Nicole não é o tipo de mulher que deseja um marido passivo. Mas como muitas esposas, ela deseja estabilidade e controle. Elas não vão pressioná-lo a liderar quando você recuar, porque essa hesitação em si comunica instabilidade.

Você pode dizer: "Mas minha esposa sabe que eu devo liderar!" Isso é verdade, mas é essencial se lembrar do castigo de Eva por comer o fruto proibido da Árvore do Conhecimento do Bem e do Mal: "o teu desejo será para o teu marido, e ele te governará" (Gênesis 3:16). Você consegue imaginar como é difícil para uma mulher se submeter a um homem o qual ela deseja liderar, mas que é obrigada a seguir? Esse aspecto ainda é desafiador para Nicole e para mim, pois eu às vezes tenho problemas para liderar na linha de frente, em especial quando isso envolve tópicos desconfortáveis como finanças.

Quando o único papel do homem na administração financeira de uma casa é fornecer dinheiro para pagar as contas, as coisas podem sair do controle rapidamente. Nicole tem o dom da administração, então nunca me incomodou que ela fizesse os pagamentos de nossas contas. Ela também adora garantir que nossa família crie lembranças, e sou grato por isso porque se fosse eu quem administrasse nosso dinheiro, nunca teríamos viajado para fora dos Estados Unidos nem comprado nossa casa atual. Nós sempre nos complementamos bem, mas percebi que ainda precisava estar diretamente envolvido com nossas finanças.

Quando contei para um de meus mentores que tenho dificuldade para discutir proativamente as finanças de nossa família com Nicole, ele me aconselhou que Nicole devia continuar a pagar as contas, mas que eu devia assinar os cheques. Esse processo ia me obrigar a ver para onde o dinheiro estava indo e questionar qualquer despesa que parecesse desnecessária, e ia me ajudar a me afirmar novamente como líder da casa.

Eu achei que esse era um bom plano, mas Nicole ficou aborrecida com o conselho de meu mentor. Em minutos, estávamos em uma discussão acalorada. Na época, incorporei a própria essência de uma "bomba-relógio" — alguém imprevisível e volátil, capaz de ir da calma à fúria em um instante, frequentemente causando danos não intencionais. Então eu deixei a questão de lado, não porque não fosse uma boa ideia, mas porque eu não tinha a maturidade emocional para lidar bem com ela. No fim, nós pagamos o preço por minha falta de liderança, pois nós simplesmente evitamos discutir tópicos importantes por tempo demais porque eu só me tornei um processador verbal (em outras palavras, um comunicador eficaz) aos 49 anos.

Com o tempo, descobri a emoção original por trás de minha raiva — a dor. Antes, eu recorria a gritar e dizer: "Você está aqui para me ajudar ou para me dizer como você deveria me ajudar?" Mas aprendi a comunicar meus sentimentos de forma diferente, expressando: "É doloroso você não confiar em mim, ainda mais considerando que nunca pus a família em problemas financeiros." Quando identifiquei e transmiti as verdadeiras emoções por trás de minhas frustrações, nossa comunicação melhorou, o que nos permitiu abordar conversas difíceis com mais eficácia e com maior compreensão.

Um líder eficaz é um comunicador eficaz. Se você não consegue articular seus pensamentos com clareza, como pode esperar que os outros sigam sua orientação? Pense em tentar alertar seu filho adolescente sobre comportamentos que podem levar a problemas. Se ele não conseguir ver a sabedoria em seu raciocínio e a conversa ficar intensa porque você perdeu a calma, há chance de que ele ainda possa se envolver nas mesmas atividades contra as quais você o alertou.

Nosso arsenal de fugas

Mesmo como um homem completo, você pode se sentir tentado a empregar uma incompetência como arma ao se deparar com uma tarefa que não lhe agrada; porém, para ser um bom líder, você precisa trabalhar para superar isso.

A incompetência como arma ocorre quando alguém age de forma intencionalmente incapaz na esperança de controlar os outros. É uma manobra manipuladora bastante encontrada no arsenal de fugas de um homem. Ela se manifesta quando um homem deliberadamente se atrapalha com tarefas ou tenta completá-las com um desempenho fraco. Assim, o homem desvia com habilidade de dominar as emoções que abastecem seu medo do fracasso, tudo para manipular outra pessoa — em especial, uma mulher — a carregar seu fardo.

Conheci homens casados com esposas-mães fingindo inépcia para escapar de suas responsabilidades. Isso não apenas esgota a vitalidade de suas esposas, mas também perpetua uma mentalidade de fraqueza e preguiça entre os homens. Além disso, promove uma atitude perigosa de dependência e falta de responsabilização.

Pense em um homem que finge ser incapaz de administrar as finanças da casa de propósito. Ele evita discutir o orçamento familiar, contas e planejamento, quase sempre dizendo que não entende de números nem de orçamentos. Essa manipulação força sua esposa, que também tem um emprego em tempo integral, a assumir o controle de assuntos financeiros, o que a deixa assoberbada, sobrecarregada e sozinha com a responsabilidade.

Em um relacionamento saudável, o homem supera suas inseguranças e seu orgulho e participa ativamente das discussões financeiras com a esposa. Mesmo não sendo um especialista, ele se esforça para aprender e a entender os princípios básicos de um orçamento. Ele faz perguntas, busca orientação e contribui com seu ponto de vista sem levantar a voz ou discutir. Juntos, eles desenvolvem uma abordagem colaborativa para administrar as finanças da casa.

No primeiro exemplo, a incompetência como arma do marido é usada como um meio de evitar responsabilidade e manipular a esposa a assumir uma parte desproporcional do fardo financeiro. Na alternativa saudável, o marido reconhece seu papel na parceria, toma atitudes para aprender e contribuir, e trabalha com a esposa para criar um ambiente de apoio recíproco.

Homens manipuladores costumam exibir um padrão consistente de timidez, se recolhendo por seu medo de cometer erros. Motivados pela necessidade de exibir dominância e evitar confrontar suas próprias inseguranças e deficiências, eles acreditam que manipular os outros permite que eles controlem os resultados e evitem situações que disparem sua frequência de fracassos.

Um homem completo não encontra satisfação em apenas permanecer nas águas rasas da segurança; ele segue a necessidade de mergulhar de cabeça nas profundezas não mapeadas, aceitando desafios e abrindo seu caminho à frente. Reconhecer e lidar com a incompetência como arma é essencial para gerar relacionamentos saudáveis construídos sobre confiança, respeito e verdadeira colaboração em vez de manipulação e controle. Vamos nos libertar desse ciclo, dominar a força única dos homens e mulheres em nossas vidas e produzir um espírito resoluto e firme de liderança completo.

Camaradagem

Um mito da liderança é que um líder nunca deve pedir ajuda, já que isso faz com que a pessoa pareça fraca e incompetente. Entretanto, está escrito: "Como o ferro com o ferro se afia, assim, o homem, ao seu amigo" (Provérbios 27:17). Da mesma forma que um pedaço de ferro exige fricção para afiar outro, um homem precisa de outro para aprimorá-lo. Essa fricção é necessária para um homem se tornar mental e espiritualmente afiado o bastante para cortar fora qualquer pecado, vício ou fortaleza que surja em seu caminho. Infelizmente, muitos de nós buscam parceiros de polimento — homens que nos dizem apenas o que queremos ouvir em vez do necessário para nosso crescimento.

Enquanto mantivermos nossas espadas embainhadas, ninguém vai saber se elas precisam ser afiadas. Eu costumava ter dificuldade em pedir ajuda porque por muito tempo pareceu que eu tinha de fazer tudo por conta própria. Essa mentalidade cobrou um preço enorme de meu corpo e minha mente, e eu não desejo o mesmo para você. Permita-se ter o apoio daqueles que o amam, e não hesite em procurar ajuda quando estiver com dificuldades. Fico triste em ver tantos bons rapazes morrerem de forma prematura (Eclesiastes 7:17), causando tristeza e arrependimento profundos em suas famílias em seus funerais.

Devido à quantidade de traumas que vivi em meus anos de juventude, tive de dar passos na direção de me abrir para os outros. Primeiro, gravei a mim mesmo contando meus problemas, em seguida toquei a gravação. Esse processo revelou que não havia nada de pusilânime em expressar minhas emoções, mas era preciso força de músculos que eu nunca tinha exercitado. Depois de algum tempo, fiquei confortável em compartilhar uma de minhas preocupações com um amigo e, para minha surpresa, minha franqueza o incentivou a também se abrir. Antes que percebêssemos, estávamos os dois apoiando e validando um ao outro, e ser humano se tornou a norma.

Dito isso, como líder, não tenha medo de fazer perguntas ou buscar orientação. Nós não temos todas as respostas. Quando permitimos que os homens em nossas vidas vejam que nossas espadas estão sem fio, criamos uma camaradagem que nos afia a todos — nos equipando para confrontar e cortar fora o pecado quando ele surge em nossas vidas.

Use a caneta e a vassoura

Minha abordagem da liderança sempre foi completa, e é por isso que o C em *chief executive officer* (CEO) geralmente representa mais que apenas "chefe" para mim — também sugere a ideia de "contratante" e "curador". Isso reflete meu compromisso em liderar pelo exemplo, nunca pedindo aos outros que façam tarefas que eu mesmo não faria. Para mim, isso nunca se tratou das letras em siglas que acompanham meu nome, mas em vez disso, do nome que eu seguia — Yahushua.

É também um lembrete de que somos servos daqueles que lideramos e servos de Yah. Há 21 anos, quando o Altíssimo me deu a visão para criar a Yunion, eu sempre estive disposto a colocar a mão na massa. Esse compromisso permaneceu firme mesmo depois dos vídeos virais da Caverna de Adulão, da cobertura na imprensa de todo o mundo, de livros *best-sellers*, um documentário premiado e a aquisição de um prédio maior. Costumo refletir sobre os anos que servi como gerente de instalações de uma escola independente de financiamento público em Detroit, onde eu cuidava do lugar, facilitava a realização de reparos essenciais e preservava a propriedade, em meio a outras obrigações. Esses três anos foram fundamentais para me preparar a fim de manter o que nós temos hoje.

Acredito firmemente nesse princípio: o que quer que façamos, devemos fazer como se fizéssemos para o Altíssimo (1Coríntios 10:31). Consequentemente, eu me recuso a permitir que Sua propriedade fique sem cuidados até mesmo por um dia. Fico cansado? Claro! No entanto, continuo a me esforçar para administrar minhas emoções e não ser tomado pelo cansaço. Acredito piamente que o Altíssimo vale as maiores dificuldades.

Apesar de agora ter recursos para contratar funcionários, permaneço disposto a botar a mão na massa e ajudar quando necessário. Por exemplo, há pouco tempo contratei um de meus filhos espirituais para instalar piso de cerâmica em um dos aposentos de nosso prédio. Quando chegou a hora de aplicar a massa, ele pediu ajuda por causa do tempo rápido de secagem do aditivo que eu tinha comprado. Sem hesitação, eu me juntei a ele para ajudar.

Estar de joelhos novamente me lembrou dos anos em que fui dono e trabalhei em uma empresa de pisos e mármores. Durante aquela época, eu trabalhava diligentemente, embora às vezes contrariado. O verdadeiro desejo de meu coração era me envolver no trabalho para o qual eu acreditava que o Altíssimo tinha me criado. Mesmo assim aprendi que, enquanto minha atitude em relação a minha situação da época não estivesse alinhada ao que era bom para o Altíssimo, Ele não podia me mover para onde eu precisava estar.

Se você se sentiu frustrado ou aprisionado em certo estágio da vida, procure aprender todas as lições que Yah está ensinando para você nesse momento. Permaneça paciente e comprometido com o crescimento a longo prazo em vez de buscar recompensas rápidas. A lição de minha jornada de liderança é esta: nunca se ressinta do processo em que você está, porque o que faz agora provavelmente vai ser crucial para onde está predestinado a ir.

Ponha as mãos à obra

Era uma tarde escaldante de verão em 2002; eu tinha acabado de instalar um piso de granito na igreja do meu sogro e estava indo para casa quando percebi o marcador de combustível quase no zero. Eu parei em um posto de gasolina próximo para encher o tanque.

Quando entrei, percebi uma mulher ali dentro perguntando às pessoas se elas tinham fogo. Embora eu não fosse fumante, sempre mantinha uma luz divina dentro de mim (Mateus 5:16). Então respondi.

— Eu tenho uma chama que nunca se apaga.

O rosto dela se iluminou com empolgação.

— Onde? — ela perguntou com avidez.

— O nome dele é Jesus — respondi.

Quando penso sobre isso agora, percebo como pareci religioso. Não foi surpresa ela responder:

— Eu não tenho tempo para essa [palavrão]!

Ela saiu do posto de gasolina, atravessou a rua e foi até um restaurante. Minha atenção permaneceu fixa nela. Depois de encher o tanque de minha van de trabalho, me senti movido a segui-la. Estacionei ao lado do posto de gasolina e atravessei a rua. Quando ela terminou de fazer seu pedido, perguntei humildemente:

— Você se incomodaria se eu pagasse sua refeição?

Ela respondeu com um "Obrigada" comovido.

Com a permissão dela, sentei-me para conversar. Olhando em seus olhos, perguntei:

— Tudo bem com você? — Foi como se essa pergunta servisse como desentupidor para limpar um cano entupido há décadas.

Lágrimas brotaram em seus olhos, e ela estendeu as mãos para segurar as minhas.

— Você é tocável — sussurrou ela enquanto suas mãos envelhecidas subiam pelos meus antebraços. — Você não se assustou. Permitiu que eu o tocasse. Você é real! — Suas lágrimas escorriam ainda mais livremente, e ela as enxugou enquanto continuava: — Não sei como começar a dizer a você quantas pessoas de igrejas têm medo de mim por causa das coisas pelas quais passei. Lutei contra o vício em drogas pela maior parte de minha vida, e estou melhor agora, mas preciso de mais apoio.

Dava para ver indícios de sua luta — marcas de agulhas tatuadas por seus braços. Nesse momento, orei por ela bem ali no meio do restaurante. Ela apertou minhas mãos, seu corpo começou a tremer, e então ela gritou:

— Jesus!

Depois que terminei a oração, enxuguei delicadamente suas lágrimas com um guardanapo. Ela olhou nos meus olhos e fez um pedido emocionado por ajuda. Ela não estava desabrigada, mas se sentia totalmente desalentada. Lembrando de Tiago 2:20, "a fé sem as obras é inoperante", eu a pus em contato com um centro de reabilitação financiado pelo estado cujo dono eu conhecia. Ela guardou a informação de contato no celular e me agradeceu com sinceridade.

Eu compartilho essa lembrança porque incontáveis homens que conheci se perderam como líderes, de forma muito semelhante à mulher desta história. Se Yahushua atravessou Jerusalém chorando porque as pessoas estavam como ovelhas sem pastor, algo está profundamente errado hoje quando líderes — sobretudo aqueles de nós que professam ter Seu Espírito — não se entristecem diariamente com o estado de Seu rebanho. A abordagem de não se envolver simplesmente deixou de ser eficaz.

Na verdade, nunca foi. Líderes completos lideram com amor. Por que você não o faz?

ENTRE
EM AÇÃO

Atividade nº 1: Pratique transparência

Você pode começar do mesmo jeito que eu comecei. Grave a si mesmo contando suas dificuldades, seus medos e suas decepções – então reproduza o áudio. Quando estiver pronto para mergulhar mais fundo, grave um vídeo de você falando das mesmas questões enquanto mantém contato visual com seu reflexo.

Esses exercícios aguçam suas habilidades de processamento verbal como um líder. Com o tempo, procure um mentor, amigo, coach, conselheiro ou pessoa amada com quem você possa compartilhar abertamente seus pensamentos e esteja receptivo a comentários.

Atividade nº 2: Administrando limites

Limites são essenciais para qualquer líder que queira o sucesso tanto profissional quanto pessoal. Ao longo de meus anos de liderança, mentoria e treinamento em artes marciais, descobri a importância da escolha do momento e da consciência da situação — habilidades cruciais não apenas no combate, mas também na administração de limites de forma eficaz. Saber como estabelecer, ajustar ou remover limites é como sentir o momento certo para atacar ou se defender nas artes marciais. Tire um instante agora para refletir sobre os limites que você estabeleceu em sua vida — seja no trabalho, seja em família ou com amigos. Pegue seu diário e reflita bem sobre as seguintes perguntas para cada limite identificado. Este exercício não é apenas para estabelecer limites; trata-se de entender por que eles estão aqui e como eles servem a você.

- Esse limite ainda serve a seus propósitos originais?
- Esse limite precisa ser removido ou reforçado?
- Houve casos em que permiti que a pessoa errada ultrapassasse esse limite?

- Quais foram as consequências para mim de permitir que ultrapassassem esse limite?
- Quais foram as consequências para elas por ultrapassar esse limite?

Atividade nº 3: Tempo de espelho

Pegue seu espelho e olhe em silêncio nos olhos do homem ali refletido. Não desvie o olhar por sessenta segundos. Então, valide esse homem por meio das seguintes frases:

- Vou ser um líder forte e compassivo, mantendo a estabilidade emocional.
- Vou passar a tocha antes que ela se apague em minha mão.
- Vou ouvir os outros com a mesma intensidade e atenção com a que desejo que minha própria voz seja ouvida.
- Nunca vou ser tão bem-sucedido que não possa colocar a mão na massa pelo sucesso de outros.
- Minha vida não é um vídeo de melhores momentos – eu vou permitir que as pessoas aprendam com os erros que cometi.

PARTE 2

AS CARACTERÍSTICAS MAIS PROFUNDAS

Inspire-se a olhar para dentro

6. O amante

O amante sabe que o amor é demonstrado por meio de ações — devoção a Yah, amor ao próximo e a manutenção de seu próprio bem-estar.

Quando Mel Robbins me convidou para participar de seu programa de entrevistas na CBS em 2019, ela estava em busca de ajuda para um pai emocionalmente encarcerado por seu trauma de infância. Ele estava prestes a perder aquilo que mais amava: seu casamento e sua família.

Pedi a Mel um par de luvas de boxe e aparadores de socos, então parei na frente do pai e disse:

— Você está sofrendo, mas precisa aprender a liberar, e soltar, deixar isso para trás. É um trauma, e você tem de rejeitá-lo. Enquanto guardá-lo, você se torna seu refém.

Então pedi ao pai que gritasse suas lembranças traumáticas da infância toda vez que socasse um aparador. Ele pensou, socou e gritou:

— Meu pai sempre me bate! — Ele deu outro soco e exclamou: — Meu pai sempre bate na minha mãe!

Em um tom de voz calmo, mas resoluto, eu disse a ele:

— Agora, vamos ser positivos. O que você quer?

Com emoção, ele disse:

— Eu quero ser um pai melhor.

— O que mais você quer?

Com uma expressão determinada, ele respondeu:

— Eu quero que meu casamento seja um sucesso!

— Vamos conseguir isso! — proclamei.

Soco atrás de soco, ele expressou seus desejos. Então eu disse:

— Lá vem um golpe! — E bati de leve em seu corpo. — Essa é uma lembrança ruim. Rejeite-a! — Eu continuei a encorajá-lo enquanto ele rejeitava anos de traumas.

Eu parei e perguntei:

— Você ama sua mulher?

Sem hesitação, ele disse:

— Amo!

— Você ama seu filho?

Mais uma vez, sem titubear, ele respondeu:

— Eu amo meu filho.

A próxima coisa que disse deixou a ele e ao público perplexos.

— Agora eu preciso que você ame a si mesmo. — Minhas palavras provocaram um silêncio profundo que reverberou em sua mente e na plateia.

Mel Robbins então perguntou a ele:

— Em que você está pensando neste momento?

— Só um monte de velhas emoções. Esse é um de meus maiores medos. — Seu olhar se dirigiu para a esposa, e, com lágrimas cintilantes, ele disse: — Eu não quero perder você. — Em um movimento rápido e comovente, a mulher se levantou da poltrona e envolveu o marido em um abraço carinhoso enquanto eles derramavam lágrimas de empatia compartilhada.

Conforme as lágrimas do marido se misturavam com as da mulher, uma percepção poderosa se abateu sobre ele: a chave para preservar aquilo que ele tanto amava estava em sua habilidade de acolher o amor por si mesmo e se soltar dos grilhões traumáticos do passado. Nesse momento transformador, surgiu um caminho em direção à cura e à renovação.

Uma característica crítica do homem completo é o Amante. Normalmente, a palavra *amante* conjura imagens de comportamentos externos, como os de um libertino — um homem promíscuo que seduz e engana mulheres obsessivamente para afirmar sua própria masculinidade. Contudo, quero mudar nosso foco para o aspecto interno do amor — o amor por si mesmo ou, em termos mais masculinos, a "manutenção pessoal". Da mesma forma que uma manutenção regular é vital para que nossos veículos, ferramentas e equipamentos funcionem da melhor maneira, preservar nossa saúde mental e física é tão essencial quanto. Devemos nos permitir amar a nós mesmos ou corremos o risco de perder nosso bem-estar e também as pessoas que consideramos importantes.

Não viva no vazio

Em uma manhã fria enquanto estava abastecendo minha caminhonete no posto de gasolina, um jovem me abordou e disse:

— Sr. Wilson, estou prestes a desistir. — Ele tinha me reconhecido das redes sociais e precisava de um homem com quem se abrir. Como sempre, tirei um momento para orar, processar e reunir as palavras certas antes de responder.

Com uma voz firme, mas simpática, perguntei:

— Você espera até seu tanque estar quase seco antes de abastecer ou enche o tanque assim que o vê esvaziar?

Ele me olhou nos olhos, e a resposta não dita pairou no ar, pulsando de significado.

Decidi compartilhar mais, na esperança de que minhas experiências pudessem oferecer alguma orientação.

— Dirigir ou viver apenas com o tanque quase vazio estressa sua bomba de combustível e pode entupir seu filtro ou sua mente. Por favor, aprenda com meus erros. Deixar que a vida o esgote emocional, mental e fisicamente põe você no limite do vazio, levando a decisões das quais pode se arrepender depois.

Um brilho de compreensão dançou em seus olhos, e ele respondeu com um agradecimento emocionado. A conexão era palpável, então decidi ser franco, na intenção de que ele soubesse que não estava sozinho.

— Sabe, tem dias em que também sinto vontade de desistir — admiti. — Mas se eu tivesse me entregado a esse sentimento, você não teria me visto hoje. — Nossa conversa pode ter sido curta, mas naquele momento, nós dois soubemos que as reviravoltas da vida podem ficar um pouco mais fáceis quando nos apoiamos com verdadeiro interesse e compreensão.

Mais tarde naquele ano, um amigo muito bem-sucedido contou que, uma vez, quando ele tinha realizado uma coisa realmente digna de nota, sua equipe pediu que ele seguisse em frente sem intervalo. Como se diz por aí, bater enquanto o ferro ainda estava quente. Sua resposta teve peso: "Se eu fizer isso, vou causar mal a mim mesmo."

Isso me fez refletir sobre ocasiões em que pensei: *Qual o limite? Eu devo apontar uma arma para minha cabeça para alguém entender quando é o bastante?*

Lute para amar a si mesmo

Meu pai uma vez me deu um conselho sábio: "Pare de esperar que alguém se desculpe por socar você." Em um sentido metafórico, esse conselho nos sugere parar de antecipar desculpas de pessoas que nos machucaram verbal ou emocionalmente de propósito. Isso significa que esperar desculpas ou remorso do malfeitor pode ser irrealista e improdutivo. Se alguém diz "Desculpe", mas não muda de comportamento, não é um pedido de desculpas; eles apenas disseram "*Brincadeirinha*".

Em vez de esperar pelo próximo "soco", é mais construtivo abordar a situação expressando abertamente seus sentimentos em relação a ela. Seu contra-ataque metafórico pode envolver estabelecer limites, buscar soluções ou priorizar seu próprio bem-estar em vez de esperar por desculpas que podem não acontecer.

Por exemplo, eu não gosto nada de ser pressionado a comparecer a um evento no qual não tenho interesse. Apesar de, no passado, eu costumar aceitar qualquer convite, sem considerar meus próprios desejos, devido à minha tendência a agradar as pessoas, agora me mantenho firme em recusar o que não se alinha ao meu propósito.

É crucial entender que você não é um cara mau só porque cria limites e diz não para as pessoas. Um equívoco comum é que estabelecer limites é algo negativo. Na verdade, limites são barreiras protetoras — linhas defensivas que traçamos para proteger nosso próprio bem-estar. O curioso é que temos a tendência de estender esse esforço de proteção às pessoas a nossa volta, mesmo assim costumamos negligenciar a necessidade de nos protegermos.

Aceite o poder do *não* e do *agora não*. Essas não são apenas palavras, são suas guardiãs contra a erosão de sua saúde física e mental. Quando elas são ditas, você se protege das expectativas dos outros e colhe uma série de benefícios.

- **Preserve energia e tempo:** recusar permite que você canalize seus recursos para atividades que realmente importam.
- **Ganhe respeito por causa dos limites:** dizer não estabelece limites saudáveis e gera respeito nos outros.
- **Aumente o bem-estar:** evitar situações que geram estresse ou desconforto alimenta seu bem-estar mental e emocional. Sua escolha de não comparecer importa porque sua decisão tem impacto direto em sua própria experiência.
- **Priorize a manutenção pessoal:** o "agora não" permite que você priorize suas necessidades, permitindo que recarregue e reapareça depois mais pleno nas áreas que escolher, inclusive aquelas conectadas com sua família, seu emprego e outras.

- **Promova a autenticidade:** aceitar a recusa promove a autenticidade conforme você vive alinhado ao seu propósito.
- **Gere oportunidades:** dizer não para as oportunidades erradas cria espaço para as certas surgirem.
- **Fortifique a confiança:** afirmar suas escolhas aumenta sua confiança e reafirma sua independência dos desejos e das urgências dos outros.

Lembre-se, um homem completo entende que dizer "não" não é uma rejeição dos outros; é uma afirmação dele mesmo. Se você insistir nesse caminho, vai descobrir liberdade da frustração e do ressentimento purulentos que vêm de fazer uma coisa que você não quer ou não precisa fazer. Com cada recusa, você constrói meticulosamente uma fortaleza, tijolo por tijolo, de forte saúde mental.

Não é só disciplina

A sociedade parece esperar que todo homem personifique a disciplina. É por isso que quando não conseguimos atingir nossos objetivos, costumamos culpar nossa falta de disciplina, o que nos leva a concluir que não somos mentalmente fortes o suficiente. Entretanto, esse nem sempre é o caso. Com bastante frequência, o que de fato nos falta é o desejo de implementar a disciplina de que precisamos para fazer as mudanças necessárias em nossas vidas.

Recentemente, um amigo meu me chamou pelo FaceTime, extremamente desanimado. Ele está acima do peso, mas não parece conseguir seguir nenhum planejamento de dieta nem regime de exercícios. Ele começou a dizer a si mesmo: *Você não é mesmo um homem porque não tem disciplina.*

Eu disse a meu amigo que seu problema não era falta de disciplina, mas falta de desejo. Prossegui perguntando a ele havia quantos anos ele era um supervisor em seu trabalho. Ele respondeu com orgulho:

— Dezoito anos!

— Quantas vezes você foi advertido por ações que foram prejudiciais ao sucesso de sua empresa? — perguntei.

— Nunca.

— Quantas vezes você chegou atrasado no trabalho?

— Menos de oito.

Então eu olhei para ele com um sorriso e disse:

— Isso é disciplina, irmão. E se você fosse ao médico para seu check-up anual e o médico dissesse que você morreria em algumas horas se não começasse a se alimentar de forma saudável e se exercitar assim que deixasse o consultório?

Meu amigo olhou para mim e disse:

— Sem dúvida, eu ia começar a me exercitar e a comer corretamente assim que saísse do médico.

Eu olhei para ele e disse:

— Isso não é disciplina, irmão... isso é desejo.

Essa é outra razão para a disciplina ser enganadora. Eu tenho vários amigos que são excelentes lutadores de artes marciais e que poderiam derrubar você ou sufocá-lo em dez segundos. Também conheço homens que estão em forma física fenomenal — literalmente, muito definidos! Eles podem implementar a disciplina necessária para lutar todos os dias ou recusar comer besteiras para manter a aparência cinzelada, mas não conseguem salvar o próprio casamento ao negar seus desejos extraconjugais em relação ao sexo.

Lembre-se, a raiz vem antes da fruta. É seu desejo de eliminar o peso que traz os músculos. É seu desejo de viver e amar viver que faz você mudar sua dieta. É seu desejo de agradar a Yah sendo fiel à sua mulher que dá poder a você para escapar de mulheres imorais.

Eu amo o jeito como Yahushua disse isso: "Se me amais, guardareis os meus mandamentos" (João 14:15). Como vemos aqui, a palavra *amor* tem raiz no desejo. No entanto, praticar uma coisa tem raiz na disciplina. Então, em vez de se condenar, tire um tempo para identificar as emoções, os pensamentos tóxicos, os pronunciamentos negativos ou traumas passados que estão impedindo que você cuide de si mesmo.

Pelo amor das mulheres

Em geral, quando homens falam sobre o amor relacionado a uma mulher, estão falando de sexo. Isso distorceu o conceito da mais pura definição do amor. O amor é paciente e bondoso. O amor não é ciumento nem presunçoso, nem orgulhoso, nem rude. Ele não exige seu próprio jeito. Ele não se irrita e não mantém um registro das vezes em que foi contrariado. Ele não se alegra com a injustiça, mas se alegra sempre que a verdade vence. O amor nunca desiste, nunca perde a fé, sempre tem esperança e supera qualquer situação (1Coríntios 13:4-7).

Nosso fracasso em expressar o amor de forma saudável leva muitas de nossas mulheres ao encarceramento emocional, fazendo com que elas isolem seus corações do mundo. Eu tive essa epifania quando apresentava o podcast *The Comprehensive Man* e entrevistava minha esposa, Nicole, minha amiga Eve Fontes e três outras amigas. Em poucos minutos, anos de sofrimento emocional e traumas reprimidos começaram a se liberar, e as lágrimas correram livremente. Nesse momento, eu refleti: *Qual foi a última vez que vi mulheres fortes chorarem?*

Ficamos preocupados com a possibilidade da quebra da bolsa de valores ou as possibilidades de uma Terceira Guerra Mundial, mesmo assim não vemos uma das maiores bênçãos da humanidade: a empatia de uma mulher. Não é irônico que as mulheres que tentamos impressionar com estoicismo firme agora também estejam ficando estoicas? No passado, relacionamentos ruins e uma cultura misógina me levaram a acreditar que demonstrar carinho em público, mesmo por minha mulher, era sinal de fraqueza. Mas como um homem completo, entendi que essa mentalidade estava fundamentada no medo. Agora expresso meu amor mais livremente, o que melhora meu casamento.

Além disso, toda emoção é passageira, então acolha os sentimentos de intimidade quando eles surgirem. Quando quiser beijar sua esposa, beije-a. Quando quiser segurar sua mão, segure-a. Quando quiser dizer "Eu te amo", diga!

A ferida da mãe

Costumo falar bastante sobre a ferida do pai — o trauma infligido pelo abuso ou abandono emocional ou físico por parte de nossos pais — e como ele afeta de modo negativo o jeito como garotos e homens amam as mulheres em suas vidas.

Mas, similar à ferida do pai, a ferida da mãe afeta os corações e as mentes dos homens, com impacto em seu bem-estar psicológico e emocional como resultado de necessidades não atendidas, traumas ou relacionamentos tensos, que por sua vez moldam a suas crenças sobre as mulheres, sua percepção de si mesmo, seus próprios comportamentos e outros relacionamentos ao longo de suas vidas. Eu acredito que a ferida da mãe tem mais impacto que a ferida do pai porque, além de a mãe ser o primeiro amor da vida de um menino, é também a primeira pessoa em quem ele aprende a confiar.

Tendo em vista a crença universal de que são as mães a permanecerem presentes em toda a vida de uma criança, quando uma mulher destrói essa narrativa sobre a maternidade, é necessário um esforço emocional duas vezes maior para eu ajudar seu filho a se curar.

Como um psicoterapeuta, o dr. Tim Broe, me disse:

> O impacto profundo da ferida da mãe em meninos se manifesta na forma de sincronização emocional deficiente, em especial ao guiar o filho por meio de estados emocionais complexos como medo, raiva, culpa, vergonha etc. Consequentemente, isso cria um estilo de apego em meninos que vai dificultar a criação de relacionamentos interpessoais dignos de confiança e resilientes nas fases subsequentes de suas vidas.[1]

Lembro-me de forma bastante clara de uma aula na Caverna de Adulão quando um aluno explodiu emocionalmente durante um treinamento de chutes desafiador, quase parecendo que ele queria lutar comigo para experimentar fracasso. Vários alunos ficaram perplexos com sua reação, mas eu entendi a causa e o efeito. Eu parei a aula e perguntei a todos:

— Quem aqui tem uma mãe ativa em suas vidas?

Todo mundo levantou a mão, menos o aluno que estava expressando suas emoções. Eu fiz isso para ajudar meus outros alunos a entender o quanto a ferida da mãe estava afetando seu colega.

Em seguida, pus as mãos sobre seus ombros, olhei atentamente em seus olhos e disse:

— É injusto que sua mãe não esteja em sua vida como você deseja, mas não deixe que a ausência dela faça você perder de vista quem está presente.

Ele tinha um pai comprometido, uma avó e uma babá que o amavam e também, em mim, um professor disposto a se sacrificar.

Seus olhos se encheram de lágrimas, confirmando que eu tinha falado sobre o assunto com o coração. Para a surpresa de todos, ele imediatamente se saiu muito bem no treinamento de chutes.

Eis aqui algumas das maneiras como a ferida da mãe se apresenta:

- **Necessidades emocionais não atendidas:** muitos meninos que crescem com negligência emocional, maus-tratos ou cuidados insuficientes de suas mães costumam levar essas necessidades emocionais não atendidas para a vida adulta, esperando que mulheres preencham esse vazio.
- **Transferência emocional:** é comum para homens projetarem de forma inconsciente sentimentos não resolvidos e necessidades emocionais não atendidas de seu relacionamento materno em outras mulheres em suas vidas.
- **Busca de validação:** homens que experimentaram uma ferida da mãe podem buscar validação e afirmação de mulheres de forma incessante, na esperança de preencher o vazio emocional deixado por suas mães.
- **Ansiedade do abandono:** o medo do abandono é uma repercussão significativa da ferida da mãe, o qual pode dificultar bastante para homens estarem emocionalmente presentes e serem transparentes em seus relacionamentos.
- **Estereótipos e misoginia:** para alguns, uma ferida de mãe não resolvida pode levar a percepções negativas sobre as mulheres. Isso costuma se manifestar como misoginia, incentivada por ressentimento, raiva ou desconfiança subjacentes que se originaram de conflitos com suas mães.
- **Impacto na percepção de si mesmo:** similar à ferida do pai, a ferida da mãe influencia profundamente a percepção

que um homem tem de si mesmo. Acalentar sentimentos internos de inadequação, falta de valor ou rejeição por parte da mãe pode afetar sua autoestima e confiança de modo negativo.

Embora eu tenha tido uma mãe amorosa, a morte trágica de meu irmão fez com que ela me criasse com medo. Em vez de me estimular a fazer coisas grandes, ela me desestimulava de tentar qualquer coisa arriscada. Isso acabou por causar conflito entre nós, criando uma ferida da mãe. Como resultado, comecei a procurar um amor afirmativo de formas nada saudáveis — visitando clubes de *striptease*, fazendo sexo pré-marital e assistindo a pornografia, para mencionar apenas algumas coisas.

Por meio da graça de Yah e de psicoterapia com base bíblica, finalmente senti empatia pelo medo de minha mãe de perder outro filho. Essa descoberta abriu caminho para conversas vulneráveis e terapêuticas entre nós. Foi quase instantâneo: minha mãe começou a me incentivar a manter a fé em Yah e a superar meus medos. Na época, eu tinha 52 anos, no entanto, descobri que o menino que desejara o estímulo da mãe para alcançar a grandeza ainda estava vivo dentro de mim.

A jornada para curar a ferida da mãe é exigente, demandando paciência e introspecção. Só depois de passar por esse processo é que um homem pode embarcar na jornada, com o coração livre de sofrimento não resolvido, para encontrar uma esposa. Como parte de sua transformação em um homem completo, você vai aprender que reconhecer as origens desses comportamentos e lidar com eles vai permitir que cultive atitudes mais saudáveis em relação às mulheres.

Amor e respeito

Como disse no início deste capítulo, quando homens contemplam o termo *amante*, seus pensamentos quase sempre gravitam em direção ao estilo de vida promíscuo de um mulherengo. A capa do álbum *Certified Lover Boy*, do rapper Drake, mostrando 12 mulheres grávidas, ilustra essa percepção. Quando o álbum foi lançado em 2021, bateu o recorde do Spotify de álbum com mais streamings em um único dia e, em apenas 12 horas, estabeleceu um novo recorde na Apple Music para streamings em um único dia.[2] O risco é que essa mensagem não apenas endosse a imoralidade, mas também contribua para a degradação cultural do amor e a promoção da promiscuidade, levando, no fim, a mais lares sem pai.

Olhando para isso de um ponto de vista pré-histórico, alguns homens podem ter sido levados por um instinto primitivo a propagar seus genes o máximo possível. Entretanto, argumento que esse comportamento costuma estar enraizado na associação da masculinidade à conquista sexual, motivada por pressões culturais para demonstrar dominância ao se envolver com várias parceiras e fazer filhos.

Reconheço que eu também sucumbi a esse fascínio quando perdi a virgindade. Não foi meu próprio desejo, mas em vez disso a influência de meus colegas que me levaram a ter um encontro sexual com uma jovem que eu mal conhecia e da qual eu nem gostava muito. Para ser honesto, durante essa fase de minha vida, eu não amava nem a mim mesmo, o que era parte do problema. Se eu soubesse do meu próprio valor, talvez não tivesse deixado que a pressão dos colegas me afetasse. Felizmente, minha juventude aconteceu antes das redes sociais; do contrário, poderia ter me encontrado em outro caminho — navegando pelas responsabilidades da paternidade com diferentes mulheres.

Um homem completo entende o poder da pureza e respeita a santidade do amor. Não acredite no mantra equivocado "Os caras bons chegam por último". Isso não é verdade. Eles chegam bem a tempo para a mulher que espera com paciência. Homens, não apressem o processo. Abstenham-se de sexo pré-marital e descartem a mentalidade misógina, porque a promiscuidade turva a clareza (1Pedro 2:11). Confie em mim, Adão, talvez você não veja a Eva parada bem à sua *frente* porque está focando no *atrás* de outra pessoa.

O amante na cama

Muitos casais enfrentam dificuldades no quarto. As esposas se esforçam para ter satisfação sexual, enquanto maridos lutam com as emoções de não serem desejados por suas esposas. Poucas inseguranças atingem um homem de forma tão profunda quanto o medo de ser incapaz de satisfazer a esposa durante a intimidade sexual.

Enquanto insistirmos em ver o sexo apenas como mera interação física, desprovida de uma conexão mais profunda, ficamos longe de ser os amantes que desejamos ser. Homens emocionalmente encarcerados costumam perceber o sexo apenas como uma ferramenta para satisfazer seus desejos ou reafirmar seu valor. Quando não conseguimos satisfazer nossas esposas durante o sexo, tendemos a descartar isso como problema dela ou procurar mulheres que pareçam satisfeitas, assim valorizando nossos egos. Mas uma abordagem do sexo com base em desempenho inevitavelmente o restringe ao domínio físico, deixando inúmeras mulheres se sentindo desestimuladas e incompletas — nunca experimentando um verdadeiro clímax, liberação emocional, nem conexão física com os homens que amam.

Segundo as Escrituras, somos instruídos a amar nossas mulheres como amamos nossos próprios corpos (Efésios 5:28). Infelizmente, como muitos de nós não amam a si mesmos, o amor por nossas esposas parece ódio. Quando saí de minhas explorações da juventude e comecei a amar a mim mesmo, finalmente me tornei um amante impecável e apaixonado por minha esposa, Nicole.

O sucesso em agradar sua esposa e satisfazer suas próprias necessidades ocorre quando o foco muda dos desejos individuais para o preenchimento recíproco. Tanto o marido quanto a mulher devem estar dispostos a aprender sobre as necessidades e os corpos um do outro (Cânticos 4:1-7), buscando avidamente satisfazer os desejos sexuais um do outro.

Com isso em mente, cavalheiros, assim como jogar no chão e apertar firme não é a única técnica em uma luta de MMA, isso também não é o único elemento no intercurso que agrada a sua mulher. Um homem completo entende quando abraçar sua esposa com força e quando acariciá-la com ternura, reconhecendo que a intimidade não é atingida por meio de agressão física. Além disso, quando você permite que a intimidade entre no quarto, você também cria espaço para uma conexão emocional que pode suplantar o prazer físico.

Por anos, Nicole teve muita vergonha de uma grande cicatriz vertical em seu abdômen — resultado de uma incisão feita por seu médico depois que ela perdeu um bebê pela quarta vez. A mesma cicatriz se tornou o ponto de entrada por meio do qual nosso filho veio ao mundo. Não importa quantas vezes eu tenha dito a Nicole que a cicatriz não diminuía sua beleza aos meus olhos, minhas palavras não conseguiam silenciar a dúvida que permanecia dentro dela. Certa noite, durante um momento de preliminares, Yah me guiou a beijar sua cicatriz, delineando seu caminho de cima a baixo.

Quando pressionei os lábios sobre a cicatriz, lágrimas começaram a escorrer dos olhos de Nicole. Eu pus o coração sobre o dela, tentando sincronizar o ritmo de nossos batimentos cardíacos. Ofereci uma oração a Yah, desejando uma transformação positiva na imagem que tinha de si mesma. Esse momento sagrado não apenas liberou Nicole de anos de vergonha corporal autoinfligida, mas também culminou em uma das experiências de intimidade mais memoráveis que já compartilhamos.

Ao permitir que meu coração liderasse, me conectei com Nicole em um nível muito mais profundo. Convidar a presença divina para o quarto não apenas confirmou que o sexo é um ato espiritual, mas também revelou seu poder para curar.

O poder do amor

Lembro-me de assistir a um especial jornalístico que apresentava o ex-operador das forças especiais David Eubank durante o tempo que ele passou em Mossul, quando arriscou a vida para salvar uma menina pega no fogo cruzado entre fuzileiros navais norte-americanos e o Estado Islâmico.[3] Naquele momento tenso, Eubank rapidamente reuniu seus homens, formulou um plano de resgate e entrou em ação. Seus colegas de equipe deram cobertura enquanto ele correu até a garota e a trouxe para a segurança.

É possível supor que o ato heroico de Eubank tenha sido abastecido pela coragem, mas foi a força profunda do amor que o levou a avançar em meio àquele tiroteio. Quando perguntaram a ele sobre o versículo da Bíblia que motivou sua resposta rápida, Eubank respondeu com convicção:

— Foi João 15:13: "Ninguém tem maior amor do que este: de dar alguém a própria vida em favor dos seus amigos." — Refletindo sobre esse momento de suma importância, ele continuou:
— Se eu morresse agora, minha mulher e meus filhos entenderiam... Foi tudo por amor àquela menina.

Se formos honestos com nós mesmos, sabemos, no fundo, que o amor quase sempre é o que dá origem à coragem, não o contrário. Em situações de risco de vida, o medo de perder a vida ou alguém que amamos serve como motivador poderoso, nos levando a reunir a coragem necessária para enfrentar os desafios. Entretanto, não há medo no amor — em vez disso, "o perfeito amor lança fora o medo" (1João 4:18).

Não nos desviemos dessa verdade. Claro, a coragem sem dúvida pode existir de forma independente, mas ela costuma ser inspirada pela presença do amor. Quando acolhemos a prática de viver com base no amor — do bem dentro de nossos corações —, nós nos libertamos da pegada mortal de nossos medos e vivemos vidas livres como o amante.

ENTRE EM AÇÃO

Atividade nº 1: Cure sua ferida da mãe

Nenhum de nós cresceu com pais e mães perfeitos. Alguns cresceram com pais que se esforçaram muito, mas ainda assim fracassaram de forma espetacular. Outros cresceram com pais que nunca nem mesmo tentaram. Independentemente de nossa experiência passada única, sua ferida da mãe pode estar afetando como você aborda a vida hoje como homem.

A cura começa com o reconhecimento de que você está, na verdade, ferido. Leia todos os sinais de uma ferida da mãe outra vez. Pense neles com cuidado. Responda com honestidade: você é um homem ferido? Se for, lembre-se de que Yah é quem cura. Busque-O por meio de oração fervorosa e também procure um psicoterapeuta de reputação. Esse profissional pode ajudar você a abrir suas feridas não cicatrizadas de forma segura e tratar suas infecções mentais e emocionais, facilitando sua jornada em direção à cura.

Atividade nº 2: Amando sem medo

Identifique as barreiras emocionais que impedem que você viva com base no bem em seu coração e ame sem medo. Pegue seu diário e responda às seguintes perguntas para começar a derrubar essas barreiras. Esse exercício tem como objetivo cultivar a pureza no coração (Mateus 5:8) e enfrentar sua natureza pecaminosa (Jeremias 17:9). Quais são os bons desejos de seu coração com base nos quais você deseja viver, mas hesita em buscar devido ao medo das percepções dos outros?

- Como sua vida melhoraria se você realmente vivesse com base no bem em seu coração?
- Que medos impedem que você ame sua esposa, sua família e seus amigos sem medo?

Atividade nº 3: Tempo de espelho

A chave para encontrar o amor verdadeiro começa olhando-se no espelho — ao reconhecer que somos feitos à imagem de Yah (Gênesis 1:27) e nossos corpos são templos de Seu Espírito Santo (1Coríntios 6:19). Pegue seu espelho e olhe em silêncio para o homem ali refletido. Não desvie o olhar por sessenta segundos. Então, valide esse homem por meio das seguintes frases:

- Eu vou me amar por quem eu sou e não pelo que posso fazer.
- Eu não vou mais deixar que a luxúria me tente a ter sexo antes do casamento.

- Eu vou superar qualquer deficiência passada no amor e na afirmação.
- Eu vou aprender a amar e a respeitar as mulheres em minha vida.
- Eu vou procurar a ajuda de que preciso para realmente amar a mim mesmo e aos outros.

7. O nutridor

O nutridor cultiva o crescimento e o desenvolvimento, cuidando de indivíduos e ambientes dentro e fora do seu escopo de influência.

Da mesma forma que os traços masculinos de coragem, ousadia e força são inatos a todos os homens, as qualidades humanas da compaixão, do cuidado com os outros e da nutrição também estão em cada um de nós. Vamos tomar o exemplo da lenda do boxe Mike Tyson. Apesar de ele ser celebrado por suas habilidades e talentos excepcionais no ringue de boxe, seu lado nutridor é menos reconhecido. Crescendo nas ruas violentas do Brooklyn, Tyson encontrou consolo e conexão no cuidado de pombos. Sua ligação compassiva com essas aves fornecia um refúgio dos desafios de sua criação. A capacidade de Tyson de nutrir não diminuiu sua masculinidade; em vez disso, ela enriqueceu sua humanidade.

Em 2015, tive uma epifania sobre a importância de acolher uma abordagem completa da masculinidade. Ela ocorreu durante uma apresentação em um treinamento intensivo de liderança em Detroit, quando outro participante fez uma observação intrigante. Ele disse que minha vida, minha missão e meu chamado divino o lembravam da cena de abertura do filme de sucesso *Gladiador*. O que me surpreendeu foi que esse indivíduo teve uma ideia sobre minha personalidade e meus desejos sem ter uma conexão pessoal comigo. Ele continuou e disse:

— Jason, você deseja a paz, no entanto, seu chamado divino o leva continuamente para o caos.

Para aqueles que não conhecem, na cena de abertura de *Gladiador* vemos o general Maximus, interpretado por Russell Crowe, passando a mão pelo trigo em um lindo dia. Como nossos dedos abrigam um grande número de receptores do tato, é possível sentir nitidamente sua conexão sensorial com a natureza. Entretanto, Maximus é arrancado de sua meditação ao perceber que na verdade está na frente de batalha em um dia nublado e sombrio. Sua atenção então é atraída para um pássaro belo e delicado que levanta voo. Maximus sorri ao observá-lo se afastar, parecendo desejar esse tipo de liberdade — um desejo profundo de uma vida mais simples distante da brutalidade da guerra.

Esse momento de reflexão silenciosa e preparação mental parece ser um ritual essencial que ele desempenha antes de cada batalha. Isso serve para destacar a humanidade de Maximus e seu desejo de uma vida além dos confins da mera masculinidade. Você consegue se identificar com esse sentimento?

A cena comunica mais que apenas o desejo de um guerreiro por uma vida mais simples e pacífica. Ela enfatiza o significado de acolher emoções nutridoras para encontrar alívio das batalhas internas e externas que enfrentamos todo dia. Enquanto permanecemos apreensivos em relação a sermos mais que apenas masculinos, nossa humanidade vai permanecer oculta, de forma semelhante aos incontáveis homens que morreram sem experimentar vidas completas e realizadas.

O nutridor incondicional

Quando muitos homens pensam em nutrir, eles frequentemente veem isso como uma característica exclusiva das mulheres, em especial mães cuidando de crianças. A verdade, porém, é que os homens sempre possuíram qualidades nutridoras, embora essas características possam se manifestar de forma diferente daquelas associadas às mulheres. O jeito como abraço meu filho e minha filha é diferente do jeito como minha mulher os abraça. De forma semelhante, minha abordagem de ensinar, disciplinar e guiar meu filho é diferente da de minha esposa.

Infelizmente, por algum motivo, muitos homens percebem a nutrição como um sinal de fraqueza. Essa perspectiva advém do conceito estreito da masculinidade perpetuado pela cultura popular — um conceito que impede que o coração aceite esses traços valiosos para fazer coisas como educar pacientemente um filho com deficiência, oferecer apoio para uma pessoa amada que está com uma doença terminal ou cuidar de um pai idoso.

Considere o exemplo de um criador de cães que alimente filhotes de raças protetoras como pit bulls, cane corsos e boerboels. A qualquer momento no TikTok ou no Instagram, você talvez encontre um homem forte com um filhote dessas raças em seus braços, dando mamadeira a eles. Nesses casos, o criador não é tipicamente rotulado como mole ou fraco. Em contraste, é bastante raro ver um homem tendo publicamente essas mesmas atitudes com raças como poodles, shih tzus ou lulus da Pomerânia. Por que existe essa diferença? A imagem tem um papel significativo, mas é importante se lembrar de que nutrir é nutrir, não importa a situação.

Outro exemplo é meu amigo Gabriel, um fuzileiro naval testado em combate que sofreu com TEPT por décadas após ser baleado nas ruas de Detroit e lutar em guerras. Ele repetidamente buscou terapia intensiva, mas só quando adotou um shih tzu sua mente enfim encontrou consolo de suas experiências traumáticas. Como explicou a dra. Barbara Nosal, diretora clínica na Academia de Newport: "O amor incondicional natural dos cães ajuda indivíduos com TEPT a saírem das conchas protetoras emocionais que construíram em torno de si mesmos."[1]

Hoje, em todo lugar que Gabe vai, seu cachorro, Gizmo, o acompanha. Contudo, nem todo mundo aceita a masculinidade de um homem com um cachorrinho de 5 kg. Um dia, enquanto Gabe estava andando com Gizmo, um vizinho gritou de brincadeira:

— Você precisa de um cachorro de verdade!

Gabriel respondeu:

— Quando você *é* uma fera de verdade, só precisa de um pet!

Seguiu-se um momento de silêncio, então risos.

De forma semelhante a mim, Gabriel não tem um cachorro para proteção; em vez disso, ele tem Gizmo como uma terapia para sua mente. Eu tenho um cavapoo lindo e amoroso de 7,5 kg chamado Shalom. Embora eu já tenha tido e ainda ame raças protetoras, esta fase de minha vida demanda um cachorro cuja presença traga uma sensação de calma após dias sobrecarregado de estresse mental e fadiga compassiva. E funciona!

Nutrindo a si mesmo

Durante o acampamento de basquete Formula Zero do jogador *all-star* da NBA Damian Lillard — uma assembleia de jogadores e técnicos de elite do basquete —, eu tive a oportunidade de compartilhar meu conceito de combate de "deixar o golpe para lá" com alguns dos principais atletas do Ensino Médio e da universidade do país. Quando boxeadores ou lutadores de MMA são socados ou chutados, eles não podem ficar pensando no fato de que alguém acabou de acertá-los. Isso impede que eles lidem com eficácia com o que vem em seguida, porque seu foco permanece no passado.

Depois da palestra, os jogadores foram levados ao ginásio para jogarem diante de olheiros e técnicos da NBA. A pressão era palpável. Um dos jogadores errou uma enterrada fácil. Nas jogadas seguintes, por toda a quadra, ficou evidente que ele ainda estava pensando em seu erro. Então, durante um pedido de tempo, sentei-me no banco ao seu lado e disse:

— Ei, cara, você se lembra do princípio de deixar o golpe para lá.

— É, lembro — respondeu ele. — Mas não consigo parar de pensar sobre errar aquela enterrada.

Eu queria que ele se aprofundasse. Então, me apoiei em seu ombro e afirmei com calma:

— O que realmente quero que considere é *por que* você está achando difícil seguir em frente.

Ele se virou para olhar para mim e perguntou:

— O que você quer dizer com isso?

— Por exemplo, a enterrada perdida simboliza alguma outra coisa que você percebe como um erro? Talvez sejam as palavras negativas ditas por seus pais ou um erro do passado pelo qual foi criticado?

Ele se encostou, pensando profundamente. Depois de um instante, continuei e compartilhei os ensinamentos de Kobe Bryant, que uma vez revelou ter encontrado a força para almejar a grandeza quando seus pais lhe deram a liberdade para cometer erros e aprender com eles.

— Meu jovem irmão — prossegui —, vários jogadores já erraram diversos outros arremessos depois dessa sua enterrada malsucedida. Permita-se a graça de seguir em frente.

Ele reconheceu a possibilidade de seu trauma ter viajado no tempo do passado até o presente e, depois disso, jogou com liberdade.

Esse tipo de diálogo aberto cultiva um ambiente onde o crescimento não se limita a habilidades físicas; ele também se estende à resiliência mental e emocional.

Treinamento completo

Sempre tive um amor profundo por praticar e assistir a esportes. Entretanto, como os métodos de treinamento evoluíram — ou, eu diria, declinaram —, o mesmo aconteceu com meus pensamentos sobre esportes, sobretudo no contexto escolar. Em suma, muitos perderam a característica nutridora.

O termo *aluno atleta* significa que o aspecto do aluno deveria ter precedência sobre ser um atleta. Infelizmente, os dias em que o esporte era um meio de relaxar depois das aulas e desenvolver disciplina e trabalho em equipe estão há muito tempo no passado, pois os esportes estudantis deixaram de ser de fato extracurriculares para serem tratados como parte integral do currículo. Na verdade, hoje os aspectos atléticos frequentemente superam os acadêmicos.

Sabemos que essa mudança de foco aconteceu quando um aluno atleta que precisa perder alguns treinos na semana de um jogo para estudar para uma prova fica no banco no fim de semana. Eu fui pego de surpresa quando descobri que os alunos de muitas escolas podiam continuar a participar de esportes mesmo com uma nota média muito baixa. Essa atitude comunica de forma sutil para os estudantes que a excelência acadêmica é secundária em relação ao sucesso esportivo. Embora diversos fatores tenham contribuído para essa mudança, a falta de um treinamento completo foi um dos mais significativos.

Treinadores completos ensinam mais que apenas habilidades esportivas; eles também enfatizam o desenvolvimento do caráter sem condenar seus atletas. Eu sei que é possível ensinar caráter junto com habilidades do mais alto nível devido a minha própria experiência no acampamento de basquete Formula Zero.

Esse acampamento transcendeu o basquete — ele estava cheio de mentoria firme e preocupação verdadeira que tocaram a vida de todos os jovens presentes, não apenas melhorando habilidades no basquete, mas também enfatizando o desempenho acadêmico e o desenvolvimento de caráter. Essa experiência, de forma inquestionável, reforçou minha decisão de tirar meu filho, Jason, do time de basquete de sua escola.

O dr. Jawanza Kunjufu, visto como o padrinho das realizações dos homens negros, é bem conhecido por declarar seus pontos de vista sobre as chances de chegar à NBA: "Aquilo que você mais faz vai ser o que você faz melhor. Se você jogar basquete das três às nove horas, você vai ser um jogador de basquete muito bom. Se você for para a casa e for para a biblioteca, você vai ser um excelente pesquisador. Nós precisamos de mais exemplos de homens negros para estimular nossos jovens para a matemática e a ciência."[2]

O dr. Kunjufu estava certo. O ano letivo seguinte confirmou que minha decisão de retirar Jason do time foi uma decisão sábia. Quando tempo passado em treino para jogos mudou para horas dedicadas aos estudos, Jason entrou para o quadro de honra outra vez após ficar fora dele por dois anos.

Essa melhoria me lembrou de quando um multimilionário de sucesso me contou que permitia que o filho jogasse futebol em vez de basquete porque não queria que o filho sonhasse em ser jogador profissional na NBA. O que poucos sabem é que menos de 5 mil homens já jogaram na NBA desde que ela foi criada em 1946.[3] Por isso, investir nosso bem mais precioso — o tempo — nesse jogo na esperança de chegar à NBA é algo extremamente sem visão.

Estatísticas recentes destacam essa realidade: apenas 16 mil dos aproximadamente 500 mil alunos do Ensino Médio que jogam basquete vão fazer uma aparição em uma das três divisões universitárias.[4] As chances de jogar na NBA são proibitivas (1 em 3.333 contra você, ou seja, apenas dois jogadores de cada equipe universitária vão ser escolhidos em um ano). Além disso, de 60 a 65% dos jogadores da NBA se veem financeiramente insolventes nos cinco primeiros anos após a aposentadoria.[5] Isso destaca ainda mais forte a importância de treinadores completos em vez de treinadores mais preocupados com vitórias e derrotas na quadra em vez de na vida.

Aqui estão meus cinco itens que são a base para o treinamento completo:

1. **Abordagem construtiva:** o treinamento completo envolve adotar uma abordagem construtiva em vez de críticas

e condenações duras. O treinamento completo guia e inspira atletas por meio de feedback construtivo, estímulo verdadeiro e mentoria significativa em vez destroçar a confiança dos atletas. Essa abordagem completa não apenas melhora o desempenho, mas também nutre uma sensação de valor pessoal e confiança que se estende para além das conquistas esportivas.

2. **Desenvolvimento de caráter:** o treinamento completo enfatiza o desenvolvimento do caráter junto ao desenvolvimento físico. Ao incorporar qualidades como integridade, responsabilização, autocontrole, trabalho em equipe e resiliência junto ao aprimoramento de habilidades físicas, os treinadores promovem o crescimento holístico. Essa abordagem completa garante que os atletas não apenas tenham um bom desempenho no esporte escolhido, mas também que desenvolvam os atributos necessários para o sucesso na vida.
3. **Desempenho cognitivo:** Muitas equipes profissionais agora reconhecem a ligação inseparável entre desempenho físico de alto nível com boa saúde mental, em especial nessa era em que a vida pessoal de um atleta pode ser facilmente exposta aos olhos do público. Felizmente, várias franquias da NBA, especificamente os Memphis Grizzlies, criaram um cargo para um psicólogo entrar para a equipe. Essa ação deliberada não apenas prioriza o acesso direto de seus atletas a profissionais de saúde mental, mas também defende a causa de desmantelar o estigma social que, há muito tempo, tem sido associado à saúde mental dos homens.
4. **Comunicação compassiva:** O treinamento completo conta com comunicação enraizada em uma preocupação verdadeira com o crescimento pessoal dos atletas e tem

o poder de iniciar a mudança. Mesmo métodos como erguer a voz podem ter grande impacto quando estão enraizados em um amor verdadeiro pelo atleta. Atletas precisam se sentir valorizados para além de suas habilidades físicas, sobretudo em um mundo onde outros em geral os apreciam apenas por suas habilidades. No mais, quando treinadores compartilham abertamente suas próprias vulnerabilidades e lutas pessoais, isso estimula seus atletas a fazer a mesma coisa sem o peso de temer serem julgados ou perderem seu lugar no time.

5. **Estar centrado em Cristo:** O treinamento completo promove o crescimento espiritual nos jogadores. Embora este item possa ser específico para aqueles que têm fé em Yahushua, acredito que seja a base para todas as transformações. Devido à separação entre a igreja e o Estado, os programas da Caverna de Adulão em escolas não podiam ser centrados em Cristo. Consequentemente, os resultados de meu trabalho não foram sustentáveis. No entanto, quando comecei a dar as aulas da Caverna de Adulão em um lugar alugado, mantendo os ensinamentos centrados em Cristo, a transformação em meus alunos foi inegavelmente visível!

- 78% dos alunos da CATTA melhoraram suas médias sem acompanhamento acadêmico.
- 98% dos pais relataram que seus filhos cresceram espiritualmente desde que começaram a estudar na CATTA.
- 100% dos alunos da CATTA que sofriam bullying não são mais vítimas dessa prática.

A verdadeira resiliência surge quando um indivíduo é treinado espiritualmente para a religiosidade (1Timóteo 4:8). Em momentos em que a mente cede às tensões emocionais do corpo, o poder regenerativo do Ruach Há'kodesh (o Espírito Santo em hebraico) pode levar o atleta adiante no esporte e na vida.

Na jornada para a excelência, nossa filosofia de treinamento deve transcender o mero aprimoramento de habilidades físicas. O treinamento completo se trata de nutrir holisticamente atletas, guiando-os em uma jornada transformadora que une um compromisso com uma abordagem construtiva, desenvolvimento de caráter e psicológico, desempenho cognitivo e comunicação compassiva, todos profundamente ancorados nos alicerces centrados em Cristo. Ao aceitar esse estilo de treinamento multifacetado, nós não apenas treinamos atletas; nós esculpimos campeões nesta vida.

O homem completo sabe que quando os homens permitem que seus corações assumam um papel de maior destaque, o mundo é abençoado com aquilo de que realmente precisa — o poder do amor nutridor de um homem —, especialmente na área dos esportes.

Nutrir é humano

Evite a busca inalcançável da felicidade constante; lembre-se de que todas as emoções são passageiras. Em um mundo marcado por sofrimento, o que é realmente necessário são homens com compaixão. Essa empatia é vital, pois sem ela nossos corações permanecem inabalados pelo sofrimento dos outros (Mateus 9:36–37). Pense sobre isso: Yah quase sempre age não por meio daqueles perpetuamente felizes, mas por meio daqueles acostumados com as dificuldades e as lutas (Isaías 53:3).

Para ser um homem nutridor, você precisa entrar em contato com seu lado humano. Quando a mente de minha mãe ficou prejudicada pela demência, ela precisava de mais do que apenas um protetor para defendê-la dos médicos que exageram nos remédios ou um provedor para preencher as lacunas deixadas por uma previdência social inadequada. Ela precisava de um homem completo — alguém que incorporasse força, firmeza e coragem ao mesmo tempo que também demonstrasse carinho, compaixão e uma paciência contínua.

Alguns dias, eu massageava o couro cabeludo dela para acalmar os pensamentos irrequietos ou cuidava com delicadeza de suas necessidades de cuidados pessoais. Nutrir não é uma característica exclusiva das mulheres. Eu também sou um nutridor, entretanto não sou feminino. Observar esses momentos entre mim e minha mãe enriqueceu o caráter completo de meu filho. Quando os pés da mãe dele doem e ela pede que ele os massageie, Jason não hesita porque sabe que um homem incorpora muitas qualidades, entre elas nutrir.

Lembro-me nitidamente de um incidente quando Jason foi submetido a uma cirurgia no ouvido. Após a operação, ele foi tomado por delírios — um estado de atordoamento que às vezes sucede a anestesia. Quando ele gritou de aflição, causando preocupação em minha mulher e em mim, nós corremos para seu lado. Apesar das tentativas sinceras de Nicole, Jason continuou com medo. Com um tom de voz calmo, eu pus a mão em seu peito e disse:

— Filho, respire fundo. Está tudo bem. Seu nervosismo é compreensível; esse é um ambiente novo para você.

Quase imediatamente, a ansiedade de Jason arrefeceu. Esse é o poder do amor nutridor de um pai. Isso é proteção. Isso é consolo.

Eu encorajo você a ter a coragem para se permitir o espaço emocional para explorar esses sentimentos de nutrição. Ao fazer isso, você não apenas enriquece sua vida, mas também contribui para um mundo mais compassivo e amoroso para todos.

ENTRE
EM AÇÃO

Atividade nº 1: Aceite o poder de nutrir

Liberar a característica nutridora não apenas enriquece aqueles a sua volta, mas também destaca suas próprias habilidades emocionais e interpessoais. Isso liberta seu coração para expressar o quanto você é poderoso! Pegue seu diário, encontre um lugar silencioso e reflita profundamente sobre as perguntas listadas a seguir antes de escrever suas respostas.

- Como eu via ser um nutridor antes de ler este capítulo?
- Quando foi a última vez que demonstrei a característica do nutridor?
- Como ser um nutridor pode melhorar minha vida, e em que áreas isso teria um impacto significativo?
- Eu tenho medo de emoções associadas a ser um nutridor? Em caso positivo, com quem posso discutir esses medos para aceitar plenamente essa característica de um homem completo?

Atividade nº 2: Nutra outras pessoas

Em seu diário, escreva as respostas para as seguintes perguntas:

- Quem eu estou nutrindo?
- Quem precisa de meu treinamento, minha compaixão, bondade, compreensão e empatia, mas não os está recebendo agora?

- As pessoas que eu nutro também se sentem celebradas e encorajadas por mim?

Atividade nº 3: Nutra a si mesmo

Pegue seu espelho e olhe em silêncio nos olhos do homem ali refletido. Não desvie o olhar por sessenta segundos. Então, valide esse homem por meio das seguintes frases:

- Vou me comprometer com a promoção não apenas de meu próprio crescimento, mas também do potencial das pessoas a minha volta.
- Vou aceitar minhas imperfeições e parar de me condenar por cometer erros.
- Vou encarar com coragem os desafios emocionais, trazendo a força e a ternura do amor nutridor de um homem.
- Vou ser um treinador que transcende o ensino de apenas habilidades físicas. Vou treinar meus jogadores a terem bons resultados não só nos esportes, mas também na vida (1Timóteo 4:8).

8. O cavalheiro

O cavalheiro exala respeito pelos outros e por si mesmo por meio de etiqueta cuidadosa e apropriada, sem comprometer seus valores.

Na música, no entretenimento e nos principais meios de comunicação, os atributos de um cavalheiro estão se tornando cada vez mais escassos. No ambiente cultural de hoje, o cavalheirismo pode ser ingenuamente visto como sedutor para mulheres. Entretanto, seu conceito histórico estava associado a cavaleiros medievais, que não eram apenas guerreiros corajosos e habilidosos, mas também exemplos de honra e virtude. O cavalheirismo, um traço definidor de um cavalheiro, é um código de conduta caracterizado por bravura, ousadia, respeito pelas mulheres e adesão a virtudes como lealdade e compaixão. Ele inclui agir com cortesia e consideração, sobretudo com mulheres.

O declínio do cavalheirismo entre os homens pode ser atribuído a diversos fatores, mas nenhum com mais impacto que o conceito do macho alfa, que tem envenenado as mentes e endurecido os corações dos homens em todo o mundo. É possível identificar esses homens a quilômetros de distância — os homens que chamam a si mesmos com orgulho de machos alfa. Esses homens costumar exalar arrogância, lutar com inseguranças profundamente arraigadas, buscar riqueza material e ver as mulheres como objetos ou como subservientes.

O conceito do macho alfa se originou em estudos do comportamento de lobos. Etologistas, especialistas em comportamento animal, estudaram hierarquias dentro de alcateias e chamaram os dominantes de *alfas*. Infelizmente, multidões de homens acreditam equivocadamente que demonstrar comportamento animal é a única forma de um macho humano liderar — sem saber que esse tipo de teoria foi derrubado desde então.

A imagem do macho alfa foi promovida nas mídias sociais como a epítome do que é preciso para ser um homem de sucesso. Mas em minha experiência trabalhando com homens de todas as facetas da vida, a disposição mental do chamado macho alfa é, quase sempre, um mero mecanismo de defesa — uma armadura emocional para esconder inseguranças pessoais, abuso infantil ou traumas não resolvidos. Por isso, quando escuto um homem se proclamar um alfa, meu espírito se entristece porque, no fundo, sei que ele está sofrendo.

Definir o comportamento masculino por meio das lentes de uma hierarquia alfa descarta qualidades como autocontrole e racionalidade. Quando foi a última vez em que você viu um filme ou espetáculo em que dois homens resolveram suas diferenças sem violência? Hoje, se um homem demonstra autocontrole ou demonstra amparo e bondade, ele é rotulado de *beta*, como se compaixão e cooperação fossem de algum modo traços inferiores. Felizmente, evoluí para ser um homem que se esforça para resolver conflitos sem violência.

Certa tarde, eu estava indo para o shopping center de carro com Nicole quando um ônibus quase nos botou para fora da estrada. Eu, instintivamente, emparelhei com o ônibus para ver o que o motorista estava fazendo. Os olhos dele cruzaram com os meus, como se eu estivesse errado. Eu me afastei para impedir que a situação piorasse. Contudo, para minha surpresa, o motorista do ônibus decidiu nos seguir até o estacionamento do shopping. O motorista parou, desceu do ônibus e avançou sobre Nicole e mim, transpirando a energia de um macho alfa.

Sem hesitação, eu estendi a mão esquerda.

— Se você ficar a menos de um metro de mim à procura de conflito, eu não vou ter escolha além de reagir fisicamente — disse eu com calma, mas com firmeza. Ele parou imediatamente e começou a falar.

Eu permaneci contido, ciente de não deixar que a presença de Nicole incendiasse meu ego. Foquei na linguagem corporal dele, me sintonizando com o ritmo de seu coração enquanto trocávamos palavras. Para minha surpresa, nós nos entendemos e acabamos apertando as mãos. Não foi dado nenhum soco, nenhuma bala foi disparada, e eu não me senti fraco por escolher honrar nossa humanidade compartilhada.

No entanto, nem todo conflito termina desse jeito. Quando um homem adota uma mentalidade animal, há pouco espaço para a racionalidade, pois o foco muda para lutar como um meio de marcar domínio em vez de estabelecer um diálogo construtivo que possa levar à paz.

A masculinidade completa desafia os extremos. Viver exclusivamente de acordo com um conceito originado em estudo sobre lobos é uma simplificação extrema e séria. Até biólogos da vida selvagem abandonaram amplamente o termo *alfa*, porque pesquisas mostraram que a maioria das alcateias é uma unidade familiar liderada por um casal, e lutas violentas pelo domínio entre lobos são raras. Essencialmente, o alfa não é um lobo macho solitário, mas macho e fêmea liderando juntos.[1] Absorva essa informação. É hora de deixar o rótulo de *macho alfa* para trás, permitindo que os homens evoluam para além desse mito ultrapassado e ganhem uma compreensão mais profunda de quem eles realmente são.

Atenção aos detalhes

Eu tinha combinado de me encontrar com um empreiteiro no café da manhã, na esperança de conseguir um contrato depois de mostrar a ele meu portfólio de pisos e mármores. Quando terminei de cortar minhas panquecas, percebi que não tinha lavado as mãos. Eu pedi licença para ir ao banheiro. Quando voltei, peguei meu portfólio. O empreiteiro sorriu, estendeu a mão e disse:

— Eu não preciso ver seu trabalho. Você está contratado.

Como você pode imaginar, eu fiquei em choque: era a primeira vez que eu conseguia um serviço sem que o cliente ou empreiteiro inspecionasse meu trabalho. Curioso, perguntei como ele tomou uma decisão tão rápido, sem examinar meu trabalho. Ele riu, apontou para meu prato e disse:

— Qualquer um que corte panquecas desse jeito pode cortar meus pisos a qualquer momento!

Quando olhei para meu prato com as panquecas cortadas simetricamente como um gráfico de pizza, percebi que aquele não tinha sido um gesto deliberado; ele saiu naturalmente como reflexo de quem eu havia me tornado. O que pode ter parecido uma coisa muito pequena no momento — minhas panquecas meticulosamente cortadas — sinalizou algo mais profundo para o empreiteiro. Minhas ações mostraram a ele que eu tinha atenção aos detalhes, um traço que é muito desejado no negócio de pisos e mármores.

Eu poderia contar inúmeras histórias como essa, mas o ponto está claro: incorporar a verdadeira essência de um cavalheiro inclui atenção aos detalhes, e você domina isso quando o faz de forma inconsciente.

Etiqueta à mesa

Uma refeição não se trata apenas do que está em seu prato. É como você se comporta à mesa. Portanto, a etiqueta à mesa é um conjunto de princípios que abrange tudo, desde lidar com habilidade com a faca e o garfo até garantir que sua conversa melhore a experiência em vez de ser uma distração. Dizem que dentro de cada homem ecoa o espírito de sua infância. Em outras palavras, nossas experiências infantis moldam quem nos tornamos quando adultos, e elas valorizam a importância de desenvolver comportamentos positivos e habilidades de vida desde cedo. Compreendendo esse fato, a Fineses Worldwide fez uma pesquisa nacional tendo como alvo crianças de 10 a 14 anos para avaliar o QI de etiqueta e como elas enxergavam os modos das outras crianças.[2] Os resultados não foram nenhuma surpresa:

- 57% das crianças não sabem que as travessas e tigelas de comida devem ser passadas para a direita.
- 83% dos participantes reconheceram a necessidade de melhorar suas próprias maneiras à mesa assim como as maneiras de seus amigos.
- Apenas 23% identificaram que colocar braços e cotovelos em cima da mesa só é aceitável quando não há comida presente.

Em 1984, quando eu tinha 14 anos, não sabia nada de etiqueta à mesa, mas logo aprendi sua importância. Meus pais se divorciaram quando eu tinha 6 anos, e toda segunda-feira meu pai me buscava na escola — o dia determinado para estarmos juntos.

Eu sempre aguardei com ansiedade para comer com ele. Em uma noite memorável, jantamos no Red Lobster, meu restaurante favorito de frutos do mar na época.

Minha ansiedade cresceu quando nos sentamos. Eu pedi avidamente meu prato favorito: camarão frito. Eu o devorei! Cada bocado era um prazer. Aproveitei até a última migalha, chegando a lamber os dedos. Depois da refeição, meu pai me deixou em casa, e tudo parecia bem. Entretanto, em menos de meia hora, ouvi a voz da minha mãe se elevar em uma discussão acalorada com meu pai pelo telefone. A intensidade da conversa indicava algo importante.

Quando a discussão terminou, minha mãe me disse que meu pai a havia culpado por minha etiqueta vergonhosa no restaurante.

Como você pode imaginar, essa experiência me magoou muito, mas eu transformei essa dor em uma fonte de cura para os garotos com quem trabalho hoje na Caverna de Adulão. Motivado pelo desejo de dar aos garotos o que eu desejava ao crescer, criei um programa de treinamento completo de etiqueta à mesa para empoderar garotos com as habilidades essenciais necessárias não apenas para melhorar suas experiências em uma refeição, mas também melhorar sua rede de contatos, oportunidades de trabalho e a confiança em geral.

Não é surpresa que muitos dos pais de meus alunos tenham expressado interesse em aprender a comer como um cavalheiro. Se você quer aperfeiçoar suas habilidades, pratique esses onze elementos da etiqueta à mesa.

1. **Entrar à mesa.** Aproxime-se da mesa pelo lado esquerdo da cadeira. Use a mão direita para puxar delicadamente a cadeira de baixo da mesa. Assegure-se de puxá-la apenas o suficiente para permitir que você se sente com conforto sem precisar ajustar sua posição arrastando a cadeiras várias vezes. Procure fazer um movimento suave e gracioso ao tomar seu assento à mesa.
2. **Sentar com boa postura.** Sente-se ereto com os ombros para trás, assim você não ficará curvado. Assegure-se de que suas costas estejam alinhadas com as costas da cadeira para proporcionar apoio e como um lembrete para manter a posição ereta ao longo da refeição.
3. **Desdobrar o guardanapo.** Depois de se sentar, remova delicadamente o guardanapo da mesa. Desdobre-o discretamente embaixo da mesa depois dobre-o ao meio, garantindo que a dobra esteja de frente para sua cintura

antes de botá-lo sobre o colo. Durante a refeição, use um canto do guardanapo para limpar delicadamente a boca. Em seguida, ponha o guardanapo com cuidado de volta em seu colo.

4. **Saber como a mesa é arrumada.** A seguir, há uma ilustração do que você normalmente vai ver em um restaurante elegante. Com os talheres, utilize-os de fora para dentro. Mesmo que você não coma salada nem tome sopa, fique atento para não usar o garfo de salada na entrada nem a colher de sopa na sobremesa. Seu copo de água deve estar sempre posicionado no canto superior direito de seu prato, e seu pratinho de pão deve sempre estar na parte superior esquerda. Depois de terminar um prato, indique que você terminou posicionando o garfo e a faca lado a lado no lado direito de seu prato, com o garfo à esquerda com os dentes para cima. Imagine o prato como o mostrador de um relógio, com os cabos de seus dois talheres apontando na direção das quatro horas e as pontas apontando para as dez horas, marcando o horário das 10h20.

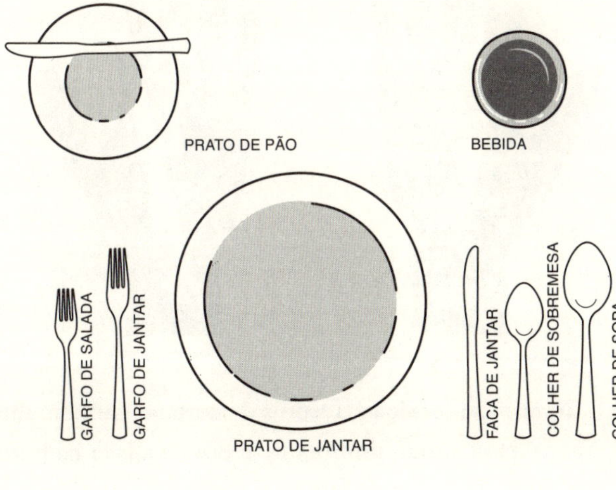

5. **Começar com pão e manteiga.** Rasgue apenas um pedaço de pão pequeno de cada vez e use manteiga suficiente apenas para um bocado por vez. Passe a manteiga no pão em cima do prato de pão com a lâmina apontando para você mesmo.
6. **Cortar a comida.** Com as palmas das mãos viradas para cima, segure a faca com a mão dominante e o garfo na outra. Posicione o garfo (com os dentes para baixo) para prender a comida no lugar no prato, e use a faca fazendo uma pressão delicada para cortar a comida. Assegure-se de que os dois talheres estejam levemente angulados para baixo na direção do prato para um corte eficiente. Nunca raspe o prato com os talheres. Usando os dedos indicadores para controlar os talheres, corte a comida. Então ponha a faca no alto do prato com a lâmina virada para você quando terminar de cortar.

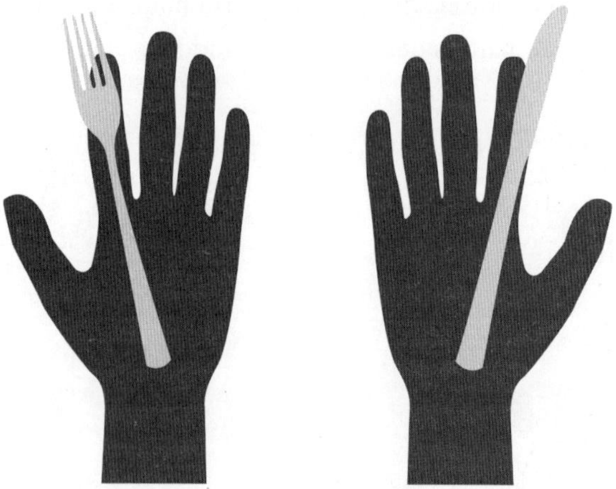

7. **Comer sua refeição.** Depois de cortar a comida, mude o garfo para a mão dominante e ponha a faca na borda do

prato com a lâmina virada para dentro. Ponha a mão vazia no colo. Então segure o garfo como um lápis, botando o dedo indicador na parte de trás do pescoço do garfo. Coma bocados pequenos, mastigando bem a comida, e engula antes de comer outro bocado.

8. **Tomar uma bebida.** Ponha o garfo no prato, do outro lado da faca e com os dentes para cima. Então limpe os cantos da boca com o guardanapo. Torne a dobrá-lo e recoloque o guardanapo no colo. Finalmente, pegue sua bebida com a mão dominante e tome um gole, deixando a mão vazia no colo.
9. **Usar o banheiro.** Se você precisar pedir licença da mesa para usar o banheiro, ponha o garfo no prato do lado oposto da faca com os dentes para cima. Limpe os cantos da boca com o guardanapo. Em seguida, dobre-o de forma arrumada e o ponha do lado esquerdo do prato. Isso sinaliza para os garçons que você não terminou sua refeição. Então deixe a mesa em silêncio e volte da mesma maneira com que você inicialmente se sentou.
10. **Gorjetas.** Atualmente, nos Estados Unidos, uma gorjeta padrão varia de 15 a 18% do custo da refeição, mas se o serviço não for satisfatório, você pode dar menos de 15%. Eu normalmente dou 20% em bons restaurantes.
11. **Deixar a mesa.** Depois da refeição, deslize delicadamente sua cadeira para trás com um movimento suave. Levante-se e, em seguida, saia pelo lado esquerdo da cadeira. Usando a mão direita, recoloque a cadeira embaixo da mesa com um único empurrão, sem a necessidade de mais ajustes.

Um homem completo entende a arte de comer em qualquer ambiente, esteja ele dividindo uma pizza com amigos, desfrutando de um primeiro jantar com a mulher dos seus sonhos, ou fazendo um negócio de milhões de dólares em um restaurante cinco estrelas de prestígio. A adaptabilidade é chave para incorporar qualquer papel a qualquer momento, e atingir isso exige preparação. Não seja muito duro consigo mesmo pelo que você não sabe. Entretanto, depois de reconhecer a necessidade de mudança, deixar de agir e implementar um plano pode levar a oportunidades perdidas, relacionamentos empacados e credibilidade reduzida.

O homem gentil

Eu estava pedindo a refeição em meu restaurante favorito de comida do Oriente Médio quando uma velha amiga minha entrou. Eu não a via há algum tempo. Nós nos abraçamos e logo começamos a atualizar um ao outro sobre nossas vidas. Ela mencionou que adorava o emprego novo, mas sentia a necessidade de se afirmar quando lidava com homens. Curioso, eu perguntei:

— O que você quer dizer com isso?

— Bem, quando aperto suas mãos — explicou ela —, eu dou um aperto bem firme.

Quando pedi a ela que apertasse minha mão, ela estendeu a dela com confiança e apertou a minha como um campeão de queda de braço. Então eu lhe dei um conselho:

— Escute, nunca deixe um ambiente comprometer quem você é. Primeiro, nenhum homem deve apertar sua mão como se estivesse apertando a mão de um homem. Segundo, quero que você comece a apertar a mão dos homens como se fosse uma rainha africana, botando sua mão por cima quando um homem estende a dele para apertá-la. Quando você observa as rainhas das África — prossegui —, ou, na verdade, de qualquer outro país, você vai perceber que elas apertam a mão dos homens com as delas por cima. Esse gesto significa sua posição na sociedade e sua autoridade.

Quando você aperta a mão de um homem como um homem apertaria, você inadvertidamente perde o que a faz única.

Eu enfatizei que as mulheres devem ser tratadas como uma porcelana valiosa, ao passo que homens podem ser comparados a uma panela rústica de ferro fundido. Eu a encorajei a assumir o controle desses cumprimentos e a se assegurar que os homens a respeitassem desse jeito. Ela concordou em tentar.

Um cavalheiro nunca emprega um aperto de mão firme com uma mulher como ele faria com outro homem. Esse comportamento geralmente reflete insegurança ou chauvinismo. Permitir que a mão de uma mulher fique por cima durante um aperto de mãos é um gesto simbólico de respeito pelo papel vital e pelas responsabilidades dela na comunidade, na sociedade ou no mundo como um todo. As mulheres nunca devem se sentir intimidadas por nossa presença — em vez disso, elas devem se sentir seguras e valorizadas.

É crucial entender que a necessidade por cavalheiros neste mundo não é porque as mulheres não têm força. Homens completos já reconhecem a multidão de adversidades que as mulheres superaram para chegar aonde estão hoje. Mas como um cavalheiro, quando aperto a mão dessa mulher, eu me asseguro de que minha mão esteja por baixo ou seja delicada, se ela preferir o tradicional aperto de mãos de negócios. Ao fazer isso, tenho como objetivo transmitir meu respeito por suas capacidades e características únicas.

A armadura errada para a luta

Na Caverna de Adulão, damos grande ênfase ao conceito de nos vestir para o sucesso. Durante nossas viagens de desenvolvimento profissional ou excursões, nenhum de nossos alunos tem permissão de usar Crocs, sandálias ou qualquer tipo de chinelo. Esse protocolo também se estende a bandanas *do-rag*, um lenço de cabelo normalmente usado por homens para controlar o cabelo. Nos anos 1980, era raro que um homem fosse visto em público usando bandana *do-rag* porque ela era apenas de uso doméstico. Entretanto, no fim dos anos 1990, bandanas *do-rag* se tornaram uma demonstração de estilo. Mesmo assim, na Caverna de Adulão ainda enfatizamos que elas devem ser usadas apenas em casa, como era o objetivo original.

Temos firme convicção no velho ditado: "Como você se veste determina como vão tratá-lo." Esse princípio se estende não apenas ao estilo pessoal, mas também às roupas profissionais. Nossa aparência frequentemente serve como base inicial de julgamento, levando muitos homens merecedores a serem injustamente julgados com equívoco. Isso pode resultar na perda de oportunidades que, do contrário, poderiam transformar o curso de suas vidas e melhorar sua situação financeira.

Lamentavelmente, alguns homens parecem satisfeitos em perder oportunidades, optando por permanecer mentalmente entrincheirados em uma adolescência perpétua — o que costuma se refletir em uma escolha de roupas que não combinam com sua idade. Calças largas, mãos descamando, unhas sujas, bandanas *do-rag* em público, sapatos sujos e camisas para fora das calças, tudo pode influenciar as impressões que causamos.

Anos atrás, quando eu era proprietário e trabalhava em uma empresa de pisos e mármores de sucesso, o crescimento estagnou até que aprendi uma lição valiosa sobre a importância de se apresentar usando roupas profissionais. Certa tarde, visitei uma figura paterna para mim, um empresário de muito sucesso. Entrei em seu escritório vestindo a camisa polo com a logomarca bordada de minha empresa, que estava despreocupadamente para fora do cinto. Ele parou seu trabalho e perguntou:

— Por que sua camisa não está para dentro da calça?

— Eu não preciso botar minha camisa para dentro da calça — respondi. — Estou apenas sendo eu mesmo. — Seus anos de sabedoria contiveram sua resposta, e ele continuou a trabalhar.

Uma hora mais tarde, fui apresentar um orçamento para uma grande obra com mármore em uma das comunidades mais ricas de Michigan — o que eu nunca parecia conseguir. Quando desci de minha van de trabalho, olhei para minha camisa e, pela primeira vez, decidi botá-la para dentro da calça. Meu profissionalismo e minha proposta permaneciam excelentes, como sempre, mas dessa vez minha aparência refletiu o mesmo padrão. Eu consegui o trabalho.

Quando voltei ao escritório do empreiteiro-geral para receber o depósito para começar o projeto, perguntei quanto minha proposta tinha sido mais baixa em comparação com a de outras empresas de mármore. Ele respondeu:

— Não foi seu preço que conseguiu esse trabalho; foi sua apresentação.

Eu fiquei perplexo porque todas as minhas apresentações eram consistentemente boas. Eu insisti e perguntei o que fez minha apresentação se destacar. Ele explicou:

— Sua camisa estava para dentro da calça, e seu boné estava virado para a frente.

Eu assenti, como se isso sempre tivesse sido minha prática, mas depois admiti para minha figura paterna que ele estava certo.

Desse dia em diante, comecei a superar concorrentes com décadas a mais de experiência. Enquanto outras empresas de pisos demonstravam um descuido em relação à aparência pessoal e usavam com orgulho jeans rasgados e camisetas salpicadas de argamassa, eu investia em roupas de trabalho novas duas vezes por ano. Reservei um par de botas limpas e um conjunto de ferramentas apenas para fazer orçamentos, assegurando-me de nunca levar sujeira para a casa de um possível cliente. Eu tinha uma roupa diferente para a hora de realmente instalar os pisos.

A lição foi reforçada depois que um vídeo da Caverna de Adulão se tornou viral e eu me vi lançado para a luz dos holofotes. Solicitei uma reunião no jantar com um respeitado coach de negócios, durante a qual busquei conselhos sobre como maximizar essa oportunidade de garantir os recursos financeiros necessários para atender aos garotos na Caverna de Adulão. Ele me aconselhou com sinceridade que eu precisava melhorar meu guarda-roupa para refletir minha posição atual no setor de negócios sem fins lucrativos e na vida.

Embora tenha compreendido o conceito do que eu estava sendo aconselhado a fazer, eu ainda não havia internalizado completamente. Na época, eu me vestia como um trabalhador jovem fornecendo serviços diretos a garotos em nossos programas, mas agora Yah tinha me mudado para círculos com CEOs de organizações de caridade e filantropos que adoravam financiar programas que empoderavam a juventude. Sabendo de minha paixão profunda por artes marciais, o coach observou com sabedoria:

— Você está usando a armadura errada para essa luta.

Isso me tocou profundamente.

Eu imediatamente mudei meus trajes — ou, devo dizer, meu equipamento de batalha — para estar mais adequado a obter apoio financeiro para os rapazes com quem eu me preocupava tanto. Apenas fazendo a transição de camisas muito grandes, jeans e tênis para ternos bem cortados, blazers, calças formais e sapatos sociais de qualidade me permitiu ter acesso a círculos financeiros influentes e garantir recursos para nossa organização sem fins lucrativos.

Eu fiz a escolha de melhorar meu guarda-roupa, e os resultados foram transformadores. Tive vitórias importantes, e encorajo de coração que você faça o mesmo. O homem completo sabe que se vestir para o sucesso, e se tornar um cavalheiro em todos os aspectos da vida, pode abrir portas que você nunca imaginou.

ENTRE
EM AÇÃO

Atividade nº 1: Pratique a arte refinada de comer em público

Convide sua família, seus amigos ou seus pais para um restaurante que está um degrau acima de sua escolha habitual. Se você costuma comer em um restaurante de *fast-food*, experimente, em vez disso, um restaurante para famílias. Estimule a si mesmo a sair da rotina e a criar novas lembranças em lugares que inspirem o crescimento e uma conexão mais profunda. Assegure-se de que seu foco esteja nos seguintes pontos de etiqueta enquanto estiver jantando:

- Evite usar calças de treino ou tênis.
- Guarde o celular.
- Não tire foto da comida.
- Preste atenção a sua postura.
- Mantenha o guardanapo no colo.
- Passe os itens para a direita.
- Dê uma gorjeta generosa ao garçom (se o serviço for excelente).

Quando sair do restaurante, preste atenção em como você se sente. Como fez seus convidados se sentirem? O que você fez bem? Como pode melhorar?

Atividade nº 2: Reviva o cavalheirismo

Ao contrário da crença popular, o cavalheirismo não está morto. Porém, é necessário que os homens completos tornem a colocá-lo em prática, dando um novo sopro de vida a esse código essencial de respeito e honra do qual nosso mundo precisa de forma tão urgente.

- Faça do cavalheirismo uma prática diária – como segurar a porta aberta para todo mundo, com atenção especial aos idosos, ou abrir gentilmente a porta do carro para as mulheres em sua vida.
- Sempre atenue sua força com delicadeza ao apertar a mão de uma mulher – segure-a com cuidado e igualdade, como um gesto de respeito profundo e reconhecimento do valor dela.
- Quando tiver a oportunidade, reconheça verbalmente a resiliência e as conquistas das mulheres em sua vida.
- Tire o chapéu, boné de beisebol ou capuz quando entrar em um prédio.
- Aja com sabedoria diante de oportunidades para defender a honra de outras pessoas, assegurando-se de que suas ações não sejam motivadas pelo ego.
- Cultive com diligência um ambiente em que sua presença seja uma fonte de proteção, fazendo com que as mulheres se sintam seguras e valorizadas.

Atividade nº 3: Tempo de espelho

Pegue seu espelho e olhe em silêncio nos olhos do homem ali refletido. Não desvie o olhar por sessenta segundos. Então, valide esse homem por meio das seguintes frases:

- Eu não sou um macho alfa; eu sou um homem completo.
- Vou praticar o cavalheirismo na vida das mulheres que amo e encontro.
- Eu valho o esforço necessário para ter boa aparência.
- Sou inteligente e capaz o suficiente para dominar as regras necessárias para participar com sucesso de qualquer evento social.

9. O amigo

O amigo ama em todos os momentos e é firme diante das adversidades — está disposto a arriscar a vida por seus companheiros.

Eu tenho muitos amigos, mas há apenas uma pessoa para a qual minha esposa ligaria se minha vida estivesse em perigo: Gabriel Green. Eu conheço Gabe desde o ensino fundamental. Nós compartilhamos uma ligação forjada por situações que exigiram que arriscássemos a vida um pelo outro.

O primeiro incidente aconteceu quando Gabe se viu em uma discussão acalorada com alguém de sua vizinhança e começou uma briga. Meus amigos e eu ficamos em volta para garantir que ninguém do outro grupo entrasse na briga. Gabe teve uma vitória indiscutível. Os dois lados aceitaram isso, e a briga terminou. Gabe foi para casa, e meus amigos e eu entramos no meu carro e iniciamos a viagem de volta para nossa vizinhança.

Infelizmente, o confronto não havia terminado. O cara em que Gabe bateu e seus amigos conseguiram seguir meu carro. Quando eles pararam ao meu lado, ficou claro que não estavam agitando uma bandeira branca. Os três homens no carro queriam que nós parássemos. Meus amigos e eu estávamos prontos para a segunda rodada, então paramos. Foi então que as coisas sofreram uma reviravolta terrível: eles estavam armados.

Um cara do outro grupo entrou no banco traseiro de meu carro e apontou uma arma para minha cabeça, exigindo que eu o levasse até a casa de Gabe. Eu não ia fazer isso de jeito nenhum. Eu gostava demais de Gabe e de sua família. Estrategicamente, eu o retardei por alguns minutos. Com minhas duas mãos no volante, mantendo o olho nele pelo retrovisor, falei:

— Desculpe, mas eu não posso levar você lá.

Então ele desceu do carro com a arma para conversar com seus amigos, como se eles tivessem outra opção para me fazer obedecer. Eu estava com medo, mas pus isso de lado, pensando no que poderia acontecer se eu obedecesse e os levasse até a casa de Gabe. Assim que ele saiu do veículo, aproveitei a oportunidade e fui embora acelerando, mas não antes que um único tiro soasse, estilhaçando o vidro traseiro.

O segundo incidente que envolveu risco de vida aconteceu quando meu irmão, Keith, desapareceu. Eu fui a última pessoa que tinha falado com ele, e isso havia sido apenas alguns dias antes dessa conversa. Nós presumimos que ele tinha sido sequestrado, porque estava, infelizmente, profundamente envolvido com o negócio das drogas. Keith tinha me avisado várias vezes que, se ele desaparecesse, eu não devia tentar encontrá-lo, porque as pessoas responsáveis por seu rapto provavelmente tinham a intenção de acabar com a vida dele. Embora eu tivesse grande respeito pelas suas palavras, meu amor por ele superou minha capacidade de seguir esse conselho.

Então quando Keith não voltou para casa, eu soube no fundo do coração que alguma coisa estava errada. Eu liguei para Gabe. Ele se juntou a mim na busca por Keith sem fazer perguntas. Enquanto circulávamos de carro pelo lado leste de Detroit, um Ford Probe parecido com o da noiva de Keith chamou nossa atenção, nos fazendo parar. De repente, vários homens saíram do carro. Gabriel e eu não perdemos tempo para descer dos carros porque minha escopeta estava na mala. Gabe foi na frente, proporcionando cobertura enquanto eu corria para pegá-la.

Entretanto, enquanto eu voltava para o meu carro, ouvi uma voz familiar chamar:

— Jason!

Era meu primo. Aqueles caras, na verdade, também estavam procurando meu irmão. Nós continuamos a procurar por Keith, mas não o achamos naquela noite. Depois descobrimos que ele tinha sido torturado e morto. Gabe estava bem ao meu lado quando eu recebi a notícia devastadora e continuou a me apoiar no funeral.

Hoje, embora Gabe e eu não passemos tanto tempo juntos nem conversemos com tanta frequência quanto antes, temos um entendimento silencioso de que sempre estaremos presentes um para o outro.

Você tem amigos como esse em seu círculo? Você se esforça para ser esse tipo de amigo para outros homens? Esses amigos parecem pedras preciosas, seu brilho cintila mesmo nos momentos mais sombrios de nossas vidas. São eles que permanecem firmes ao nosso lado, sem vacilar em seu apoio e lealdade. Essas amizades são os verdadeiros tesouros da vida, um testamento da força profunda e firme da conexão humana.

E elas não acontecem por acidente.

Um dos obstáculos mais significativos que impedem que os homens se libertem do encarceramento emocional e evoluam para um homem completo é a inclinação de sofrer sozinho em silêncio. Esse sofrimento persiste porque homens frequentemente acreditam que ninguém se importa — e, de forma mais crítica, que ninguém compreende de fato seu sofrimento. Essa falsidade provocou uma luta interna nas mentes de incontáveis homens, mas há um remédio que acaba por erradicar conflitos tanto externos quanto internos: a *amizade*.

Humanos são inerentemente seres sociais, mesmo assim, lamentavelmente, pesquisas sugerem que os Estados Unidos estão lidando com uma "recessão de amizades".[1] Descobriu-se que homens são afetados de maneira desproporcional. Segundo uma pesquisa de perspectivas americanas realizada em maio de 2021 pelo

American Enterprise Institute, impressionantes 15% dos homens reconhecem que não têm um único amigo próximo.[2] Além disso, a pesquisa revelou que homens são menos propensos que mulheres a receber apoio emocional de seus amigos.[3] Também foi relatado que a solidão tem impacto negativo sobre nossos sistemas imunológicos, resultando em doença cardiovascular, hipertensão e morte prematura, por exemplo.[4]

Inúmeros fatores são suspeitos de contribuir com esse declínio em amizades, e o isolamento social emergindo é o principal culpado. Mas não importa a razão, a importância de cultivar conexões significativas com outras pessoas é inquestionável. Na presença de companheiros, nosso bem-estar geral floresce.

Definindo "amigo"

Eu acredito firmemente que amigos servem como âncoras para o barco da masculinidade completa. Quando as correntes da vida se chocam — por estresse, abuso, desemprego ou vício —, essas âncoras podem impedir que fiquemos à deriva no mar. Entretanto, devemos primeiro estar dispostos a ficar ancorados durante tempos traumáticos. Problemas e dificuldades servem como ondas, ameaçando virar nossas vidas. Durante esses momentos desafiadores, podemos realmente avaliar a profundidade de nossas amizades e valorizar o apoio firme de nossos verdadeiros companheiros.

Eu costumava defender fortemente que um homem tivesse um parceiro de responsabilização, mas depois de testemunhar tantos grupos de responsabilização de homens fracassarem, parei de participar deles. Afinal de contas, ninguém pode estar com outra pessoa 24 horas por dia, e nenhum humano pode compreender totalmente os pensamentos e intenções de outro. O único que pode mesmo nos responsabilizar é o Espírito do Altíssimo, o Espírito Santo. Está escrito que Ele está conosco, e Ele nunca vai nos abandonar. Ele conhece os pensamentos mais profundos da humanidade, investiga nossos corações e nos sentencia (Romanos 8:27).

Mas vamos deixar a espiritualidade de lado por um momento e nos concentrar no natural. Todo homem entende que ninguém pode realmente responsabilizar outra pessoa. Se um homem casado está lutando contra a luxúria por outra mulher, seu parceiro de responsabilização vai largar o emprego para segui-lo durante o dia? Claro que não. Se um homem está lutando contra o vício em pornografia, seu parceiro de responsabilização vai ficar com ele toda noite para impedir que o amigo se masturbe com pornografia? Provavelmente, não.

Isso nos leva ao ponto crucial da questão: precisamos saber o que é um amigo e como agir como um. A ideia de que há amigos bons ou ruins é fundamentalmente equivocada. Você é um amigo ou um inimigo.

A definição da palavra no dicionário é clara: "Uma pessoa que está em bons termos com outra, uma pessoa que não é hostil."[5]

Devemos criar espaços seguros onde podemos ser honestos com nossos amigos e desenvolver práticas saudáveis para liberar nossas emoções. Ao envelhecermos, nosso círculo de amizades não encolhe necessariamente; em vez disso, ele revela quem está de fato presente para nos ouvir e nos apoiar ao longo dos desafios da vida.

Use essas características para ajudá-lo a se lembrar do que um amigo significa:

- **Fortaleza:** representa a força, a coragem e a resiliência que um amigo demonstra durante tempos desafiadores.
- **Virtude:** incorpora moralidade (para mim, valores bíblicos) e demonstra essas qualidades no contexto da amizade.
- **Integridade:** solidifica a amizade quando alguém mantém a palavra e cumpre seus compromissos, esteja o amigo presente ou não.

- **Empatia:** promove a confiança e a honestidade, aprofundando a ligação entre amigos.
- **Nobreza:** na amizade promove estabilidade por meio de solução de conflitos justa e madura, tornando mais fácil resolver diferenças.
- **Segurança:** estabelece confiança e compromisso na amizade.

O rótulo "tóxico"

Em anos recentes, o termo *tóxico* ganhou popularidade como forma de descrever comportamentos e atitudes negativos em diversos contextos, como relacionamentos, ambientes de trabalho ou amigos tóxicos. Como resultado, as pessoas que não são consistentemente felizes nem transmitem energia positiva logo são afastadas para a periferia dos círculos de amizade. A falta de amor sacrificial, junto a fortes desejos autocentrados, se estende até ao cuidado com idosos — ou, de forma mais precisa, o abandono dos idosos neste país.

Depois de viver por seis anos com uma mãe com demência, conversei com diversas pessoas que estavam em minha posição, mas raramente visitavam os pais. Descobri que não era porque elas não amavam os pais; só era difícil demais testemunhar o declínio.

Eu entendo. Quando minha mãe começou a enfrentar a demência, sua paranoia e seu mau comportamento começaram a ter um impacto negativo não apenas em meu próprio bem-estar, mas também no de minha família. As emoções, sem dúvida, são complexas, mas eu de algum jeito sinto vergonha de admitir que cheguei a orar para que Yah tirasse a vida de minha mãe porque sentia que ela não estava mais vivendo, apenas sofrendo. Yah me mostrou que minha oração não era pela minha mãe, mas por mim. Eu não estava amando minha mãe de verdade porque não estava disposto a sacrificar os confortos de minha vida por ela.

Enquanto eu atravessava o vale da demência com minha mãe, aprendi que o sacrifício não é necessariamente fazer o que você quer fazer para ajudar alguém; é fazer o que precisa ser feito mesmo quando você não quer. Houve inúmeras vezes em que tive de deixar jantares em família, perder programas especiais celebrando as conquistas de meus filhos, deixar aulas de artes marciais ou sair cedo do trabalho para cuidar de minha amada mãe.

Hoje, muitas pessoas podem rapidamente rotular a situação de minha mãe como tóxica, insistindo para que eu estabelecesse limites "saudáveis". Durante a época em que minha mãe lutou contra a demência, o termo *tóxico* não era amplamente utilizado, embora ele parecesse existir quando amigos e pessoas amadas se afastavam. Sempre era comovente ouvir o lamento de minha mãe: "A demência não é contagiosa."

Apesar de acreditar na importância dos limites como conceito bíblico, o termo *tóxico* sempre me incomodou porque, em geral, ele põe a culpa na pessoa em vez de examinar as causas e os efeitos de suas ações. Quando a palavra *tóxico* é usada para descrever pessoas, isso pode levar a sociedade a excluir indivíduos que talvez precisem apenas de um amigo para apoiá-los. A chave aqui é *amigo*. Quando você está passando por dificuldades mentalmente, é importante não procurar apoio de pessoas que pode ter ofendido ou com quem não fala há anos. Elas compreensivelmente não vão ter a capacidade de ajudá-lo. Em vez disso, procure amigos que estejam disponíveis todos os dias e que amem você por quem você é. Esses amigos não vão evitar você; eles vão oferecer o amor e o apoio de que você precisa, ajudando-o pacientemente a atravessar seu estado mental e superar qualquer desafio que possa estar enfrentando.

Pense em Ió das icônicas histórias do Ursinho Pooh. Apesar do estado permanente de tristeza de Ió, seus amigos nunca viram as costas para ele. Para eles, ele não é tóxico; é apenas ele mesmo.

Eles nunca o excluem durante seus encontros alegres nem esperam que ele sorria ou ria em suas aventuras. Eles o amam como ele é, e sua ligação permanece forte. Por eles serem amigos, a amizade resiste ao teste do tempo.

Como homem adulto, muitas vezes me vi no papel de Jó devido a meus grandes traumas e inúmeras perdas. Mas ao contrário dos amigos de Jó que o acolhem com uma simpatia firme, meus telefonemas emocionalmente pesados para pessoas amadas muitas vezes parecem uma invasão, como se minha honestidade perturbasse a paz deles. Nesses momentos, eu me sinto como uma pedra no sapato de todo mundo. Motivado por um desejo profundo de nunca ser um fardo para ninguém, um dia viajei por duas horas para o norte para me consultar com um psiquiatra, em busca de um remédio que pudesse reduzir as cicatrizes de meu passado traumático e entorpecer a dor de minhas lutas do presente. Eu a chamava de *pílula feliz*, acreditando que pudesse ser meu escape de um mundo onde eu me sentia forçado a viver com estoicismo.

Eu saí do consultório do psiquiatra com uma receita na mão, mas com uma convicção pesada em meu coração. No fundo, sabia que não tinha esgotado todas as possibilidades ao meu alcance nem aceitado totalmente a graça de Yah para renovar minha mente. Enquanto eu voltava para Detroit, refleti como tinha mentalmente chegado àquele lugar. Eu estava prestes a me render, a perder de vista o fato de que a perseverança não se desenvolve com fugas fáceis, mas ao encarar de frente as batalhas da vida. Yah nunca prometeu uma vida fácil para Seus servos. Foi por isso que ele enviou alguém para confortar (João 14:16). Então eu descartei o antidepressivo e decidi continuar lutando, dessa vez junto com alguns amigos que estariam presentes para mim, como eu estava para eles.

Eu desejava o tipo de camaradagem que inspirou o guerreiro Davi a deixar o refúgio da caverna de Adulão e exigir sua coroa como rei de Israel. A história nos conta que cerca de quatrocentos homens — angustiados, insatisfeitos e endividados — se reuniram em torno dele (1Samuel 22). Eles se reuniram não mais para julgar, mas para apoiarem uns aos outros. E a partir desse lugar de dor e propósito compartilhados, aqueles homens "tóxicos" emergiram como homens fortes e de valor. Quando amigos se unem em suas lutas, eles não apenas sobrevivem — eles elevam uns aos outros à grandeza.

Imagine se o homem mais compassivo que já passou pela terra, Yahushua, tivesse ensinado a Seus discípulos que qualquer um que O procurasse com problemas mentais, doenças, sofrimentos físicos ou possessão demoníaca fosse tóxico. Onde nós estaríamos hoje? Posso dizer com certeza que eu teria sido condenado. No passado, agi como o que alguns rotulariam como tóxico, exibindo comportamentos que causavam problemas emocionais, frustração ou tensão nos outros, sobretudo para minha família nos meus primeiros anos de casamento.

Como um jovem pai, as feridas de meu pai frequentemente infeccionavam e me impediam se ser o pai que minha filha merecia. Testemunhar a luta mental de minha mãe depois do linchamento do pai, do abuso do primeiro marido e da morte do filho me deixava em um estado de pessimismo. Eu poderia me aprofundar ainda mais em minhas lutas mentais e emocionais, mas, em resumo, sou grato por Yahushua não ter me julgado como tóxico como muitos poderiam fazer hoje.

O incrível é que Yahushua continua presente para mim, não importa quantas vezes eu perca a fé, lute mentalmente e me afaste como uma ovelha de seu pastor. Independentemente da fé ou da religião de uma pessoa, todos podemos concordar que Yahushua é o maior amigo que podemos aspirar ser para outros. Até Gandhi, um hindu, uma vez disse: "Eu gosto de seu Cristo. Eu não gosto de seus cristãos. Seus cristãos são muito diferentes de seu Cristo."[6]

Você agora vê? A palavra *amigo* não necessita de adjetivos como *verdadeiro* ou *bom*. Ou ela é uma amizade autêntica ou não é. O que realmente importa é que uma pessoa incorpore sua essência profunda, transcendendo rótulos como *tóxico* para se tornar fonte de força para aqueles que precisam. Amigos não deixam que termos sociais passageiros ditem como nos apresentamos um para o outro.

Encontrando seu reboque

Durante minha juventude em Detroit, ser amistoso em geral significava ser rotulado como frágil ou presa fácil. No entanto, aqueles de nós que usavam exteriores duros, sempre projetando dureza, sempre se perguntavam por que nos sentíamos tão sozinhos no meio da multidão. Mas desenvolver uma amizade nunca é fácil, e mantê-la viva é ainda mais difícil. As perdas que sofri ao longo da vida me ensinaram que devemos atravessar um mar de emoções e inseguranças e confrontar nossos próprios traumas se queremos ter amizades significativas.

Darryl "Big D" Jackson e eu éramos amigos próximos. Nós nunca discutimos durante nossa amizade de 15 anos. Ele era amado por muitos, especialmente na academia Powerhouse em Highland Park, Michigan. Darryl parecia um ciborgue quando se tratava de levantar peso. Seu físico esculpido de 110 kg servia como prova irrefutável de sua dedicação inabalável aos exercícios.

Sem que eu e os muitos outros homens que realmente amavam Darryl soubéssemos, por baixo de seu físico de super-herói havia um problema cardíaco pré-existente. Além disso, Darryl estava experimentando na época um estresse avassalador, tornando seu ataque cardíaco iminente. Ele desapareceu por uma semana depois de ser injustamente demitido de um emprego de engenheiro, marcando a primeira vez que meu melhor amigo se distanciou de mim. Minha preocupação inicial aos poucos se transformou em raiva porque eu o admirava como um irmão mais velho.

Mas eu estava certo de uma coisa: ele não ia ficar longe da academia por muito tempo. Por isso esperei no estacionamento até ele chegar, entrei atrás dele e o confrontei com amor. Porém, assim que comecei a falar, percebi que a esperança que antes tinha inspirado todo mundo na academia havia desaparecido dos olhos de Darryl. Nesse momento, parei de falar e pus a mão em seu ombro. Pensando agora, queria ter sido um homem completo na época porque eu teria abraçado meu melhor amigo — ele precisava mesmo disso.

Então percebi um machucado no rosto de Darryl e perguntei o que tinha acontecido. Ele contou que tinha desmaiado enquanto andava no início da semana. Eu imaginei que ele tivesse desmaiado apenas devido ao estresse, mas implorei que ele fosse a um médico. Ele me disse que já tinha ido, mas depois eu comecei a duvidar disso.

Pouco depois de nossa conversa, em uma tarde ensolarada de sábado, estávamos todos reunidos na casa de nosso amigo Vic para comemorar o aniversário de sua esposa. Darryl e eu riamos como nunca, a ponto de meu amigo de Pittsburgh comentar:

— Vocês dois devem amar muito um ao outro.

Dois dias depois, enquanto estava em casa, recebi uma ligação urgente de Vic. Darryl tinha desmaiado no chão. No início, eu disse:

— Está bem, acorde-o.

Embora Vic tivesse treinamento em manobras de ressuscitação, ele não conseguia reviver nosso amigo. Eu entrei no carro e fui correndo me encontrar com eles.

Nicole ligou enquanto eu estava dirigindo para me encontrar com Vic e com Darryl. Eu não estava temeroso de perder meu melhor amigo até ouvir Nicole engasgar quando contei que

Darryl estava apagado havia cinco minutos. Antes de se tornar a diretora executiva da Yunion, Nicole trabalhou como enfermeira registrada na Cruz Vermelha, onde foi treinada a manter a compostura, ainda mais em momentos críticos. Mesmo com todo o seu treinamento, o peso desse momento foi grande demais para ser escondido. Sua calma habitual deu lugar a um tremor na voz, revelando a profundidade de sua preocupação. Nesse instante, eu soube que meu melhor amigo estava com problemas. Ela me informou que ele já tinha sido levado pela ambulância e me disse para encontrá-los na emergência.

Mudei de direção e corri para o hospital. Cheguei bem a tempo de ver a equipe médica levar Darryl para dentro. Depois de uma espera tensa de dez minutos, o médico nos informou que Darryl tinha morrido.

Eu tive permissão para entrar e ver o corpo. Olhar para Darryl foi como a cena de *Matrix* em que Morpheus encara Neo estoicamente depois que ele morre baleado. É profundo como nossas vidas podem sofrer viradas tão drásticas em apenas 48 horas. Aquela última celebração apenas dois dias antes se tornou ainda mais pungente, quase como se o Altíssimo soubesse o que estava por vir e tivesse me concedido uma "última ceia" com Darryl.

Desse dia em diante, minha vida ficou diferente quando se trata de amizade. Eu fiquei hesitante em me aproximar de qualquer pessoa outra vez, temendo a tristeza que senti quando perdi Darryl. Mas no fundo, eu sabia que precisava de um amigo íntimo. Alguns meses depois, conheci Dale. Embora tenha levado anos até que meu coração baixasse a guarda, Dale e eu nos tornamos próximos. Nós treinávamos juntos kempo, aiquidô e aikibujutsu. Ironicamente, eu agora o chamo carinhosamente de "D", assim como fazia com Darryl. No início, foi desafiador, mas eu me permiti ser amigo de Dale e aceitei sua amizade em retribuição.

Agora eu pergunto: você está apreensivo em relação a formar novas amizades? Precisa de um tipo diferente de amigo nesta fase de sua vida? Deseja uma pessoa com a qual possa contar — alguém que pode não ter vivido exatamente suas experiências, mas esteja disposto a ouvir seus problemas, novos ou velhos, e a oferecer conselhos sem julgá-lo?

Eu passei por traumas significativos e perdas profundas. Me disseram que o peso que carrego pode esmagar aqueles que não experimentaram durezas semelhantes. Consequentemente, não confio em tantas pessoas. Muitas vezes no passado, busquei amigos à procura de consolo e da oportunidade de abrir meu coração, só para ouvi-los expressar simpaticamente sua incapacidade de se relacionar. Toda vez, eu ficava me sentindo um tanto falho, embora soubesse que essa não era a intenção. Isso faz desses amigos pessoas ruins? Não, isso significa que eles podem não ser as pessoas certas com quem me abrir quando a vida se torna sobrecarregada.

Várias vezes refleti: *O que puxa um reboque quando ele quebra?* A resposta veio a mim um dia enquanto eu dirigia em uma rodovia. Eu vi um reboque sendo puxado por um caminhão semirreboque duas vezes o seu tamanho. Nesse momento, percebi que quando estou mentalmente quebrado na estrada da vida, preciso contar com Yah e com homens que viveram ainda mais que eu.

Um homem completo não leva para o lado pessoal quando aqueles que considera amigos não têm paciência para ouvir seu coração ou dar conselhos. Em tempos como esses, ele deve contar com amigos que tiveram experiências semelhantes porque eles entendem. O fenômeno é parecido com os Alcoólicos Anônimos, onde o líder do grupo normalmente é um alcoólatra em recuperação. Graças às experiências dessa pessoa, ele ou ela tem a empatia duradoura necessária para ouvir pacientemente os outros se livrando de seus fardos.

Então eu tenho amigos para todas as situações. Tenho aqueles a quem recorro quando preciso de orientação espiritual. Tenho outros para os quais me volto quando estou lidando com sofrimento físico ou lesões resultantes de anos de treinamento em artes marciais. Também há aqueles que procuro quando enfrento desavenças conjugais com minha esposa. Finalmente, há aqueles com quem me abro quando meus traumas do passado ressurgem. Sempre quis ter certeza de que nunca seria o amigo cujas ligações vão para a caixa postal. Recrute o soldado certo para a batalha e você não vai ser deixado sozinho quando a luta ficar intensa.

Amigos e falsos amigos

Ao viajar pela vida, você vai conhecer pessoas que se encaixam em diferentes tipos de necessidade. Embora possa se conectar com eles em diversos níveis, talvez não sejam amigos autênticos, e não há problema nisso — desde que você saiba com quem pode contar quando estiver encurralado.

O homem completo sabe que amigos são esses que ficam ao nosso lado quando o mundo parece desmoronar. Eles agem como um leme firme nos guiando pelas águas mais turbulentas. Servem como farol nas tempestades mais escuras. Quando os desafios da vida sobrecarregam nossos ombros, amigos intervêm e oferecem apoio inabalável. "Em todo tempo ama o amigo" (Provérbios 17:17). Amigos não nos abandonam diante da adversidade; eles ficam do nosso lado nos ajudando a lutar e a vencer.

Amigos celebram sinceramente nosso sucesso, ao passo que pessoas maliciosas vão ter dificuldade em reconhecer nossas conquistas, a menos que se beneficiem delas. Se não estivermos vigilantes, esses indivíduos vão usar nossos tijolos para construir suas casas. Então, quando precisamos de abrigo, eles vão perguntar descaradamente o que aconteceu com nossos tijolos.

Yahushua disse: "Quem não é por mim é contra mim" (Mateus 12:30). Portanto, um homem completo deve aprender a diferença entre um amigo e uma influência negativa, porque a má companhia corrompe o bom caráter (1Coríntios 15:33).

Cuidado com um falso amigo — uma pessoa que posa de seu amigo, mas na verdade é seu inimigo. É imperativo para homens completos terem discernimento na hora de escolher companheiros, reconhecendo que alguns podem não defender seus melhores interesses. Nós devemos identificar e nos afastar desses relacionamentos dúbios. Da mesma forma que uma cobra se camufla para atacar presas que de nada desconfiam, alguns indivíduos podem esconder suas verdadeiras intenções. Esteja atento aos sinais e estabeleça limites saudáveis para proteger a integridade de seu círculo de amigos.

O ditado "ações falam mais que palavras" é bastante verdadeiro em termos de amizade, sobretudo quando se trata de sua ausência. A ausência de uma pessoa durante momentos de necessidade diz muito sobre a força da amizade. Alegar amizade é fácil, mas demonstrar isso por meio de feitos consistentes e preocupação real é o verdadeiro teste da legitimidade. A confiança não deve ser dada livremente; ela deve ser conquistada por meio de ações que se alinhem com as palavras de uma pessoa.

Eu aprendi essa lição rapidamente quando entreguei minha vida a Yahushua. Quando era um novo crente, imaginei que todos que diziam ser cristãos fossem amigos. Cara, eu estava errado. A "falsidade das amizades" me desestimulou de buscar novas amizades na igreja.

Quando nos cercamos de pessoas que fingem ser alguém que não são, nós também somos levados a usar máscaras e a esconder nossas verdadeiras personalidades. Mas quando comecei a testar a autenticidade das palavras das pessoas para guiar nossas interações, evitei falsidade e encontrei amizades que, até hoje, são construídas sobre confiança, respeito e valores mútuos. Esses laços de irmandade, por sua vez, trazem glória para Cristo ao exemplificar o amor duradouro e o sacrifício associados a ser chamado de amigo. Amigos, não falsos amigos, nos permitem ser nosso verdadeiro eu, promovendo um ambiente em que podemos florescer e crescer sem medo de julgamentos.

Confiar em um amigo, alguém que você valoriza o bastante para compartilhar preocupações de forma paciente e recíproca, não apenas vai aperfeiçoar suas habilidades de comunicação, mas também vai reforçar o significado da reciprocidade nos laços da irmandade. Você não está sozinho para enfrentar os desafios da vida.

Quando encontrar amigos, invista tempo para cultivar esses relacionamentos. Mantenha a comunicação recíproca praticando contenção e atenção quando for sua vez de escutar (Tiago 1:19).

Encontrar e ser o Amigo dá trabalho. Mas amizades são tanto essenciais quanto recompensadoras.

ENTRE EM AÇÃO

Atividade nº 1: Identifique de qual amigo você precisa

Ao crescermos, nossas amizades evoluem naturalmente – algumas se tornando mais fortes e outras esmaecendo. E não há problema nisso, desde que você permaneça consciente dessas mudanças. Pegue seu diário e escreva suas respostas para as seguintes perguntas:

- De que tipo de amigo eu preciso neste momento de minha vida?

- Alguma de minhas amizades existentes está atendendo a essa necessidade?
- Se não, onde posso encontrar esse tipo de amigo? Para quem eu posso ser esse tipo de amigo?

Atividade nº 2: Elimine o rótulo de tóxico

Lembre-se: há uma causa e um efeito para todo comportamento. Você realmente entende *por que* alguém está se comportando de forma negativa? Antes de rotulá-los como tóxicos, procure entender sua história.

Reflita sobre as pessoas em sua vida que você rotulou de tóxicas. Pergunte a si mesmo: *Essa pessoa é mesmo perigosa para minha saúde mental, para minha família e para minha vida?*

Se estar perto delas é prejudicial, pense em como pode ajudar a distância, como pagar por terapia ou sugerir outros recursos.

Atividade nº 3: Tempo de espelho

Pegue seu espelho e olhe em silêncio nos olhos do homem ali refletido. Não desvie o olhar por sessenta segundos. Então, valide esse homem por meio das seguintes frases:

- Eu vou me esforçar para ser um amigo exemplar.
- Eu não vou permitir que relacionamentos ruins do passado me impeçam de desenvolver novos relacionamentos saudáveis.

- Eu nunca vou presumir que alguém seja meu amigo só porque precisa de mim.
- Não vou rotular as pessoas como tóxicas e vou ter empatia em relação a suas lutas, mas protegendo meu próprio bem-estar.
- Vou aceitar que, ao envelhecer, meu círculo de amizades pode ficar menor, mas aumentar de valor.

PARTE 3

AS CARACTERÍSTICAS DA DEVOÇÃO

Concentre-se em seus relacionamentos mais próximos

10. O marido

O marido reproduz o amor de Cristo se oferecendo em sacrifício para o bem-estar de sua esposa, tratando-a como gostaria de ser honrado.

Um dia, enquanto me exercitava na academia, um homem mais jovem e casado me reconheceu de meus vídeos nas redes sociais e me cumprimentou com um aperto de mão. Ele perguntou com sinceridade:

— Por que o casamento é tão difícil?

Eu percebi por seu corpo que ele levava o treinamento com pesos muito a sério, então perguntei:

— Treinar com pesos é difícil?

— É — respondeu ele com um aceno de cabeça.

— Mas você não pensa em desistir, pensa? — retruquei. — Você sabia desde o começo que os ganhos que busca iam exigir trabalho duro.

Nós sorrimos quando ele fez a conexão. Eu compartilhei como eu e minha esposa chamamos o casamento: *a bela luta*. Eu o encorajei a mudar de perspectiva.

— Pense no casamento como o peso mais desejado que você gostaria de levantar na academia, o que mais vai desafiá-lo, ainda assim vai prometer o maior crescimento para você. Quando parecer pesado demais, prenda o peso, mas mantenha as mãos na barra, isso é compromisso. Espere um momento até recobrar a energia, então levante-o outra vez com determinação renovada. Depois de algum tempo, você vai passar a amar os resultados desse trabalho duro para desenvolver seu casamento, assim como você faz com seus músculos.

Ele me agradeceu antes de nos despedirmos.

Um dos relacionamentos mais profundos que podemos ter nesta terra é o casamento, mas sua própria natureza pode ser uma das coisas mais desafiadoras. O casamento, antes uma união perfeita, se tornou um desafio quando o pecado entrou no acordo inicial entre o homem, a mulher e Yah.

Quando Adão e Eva comeram o fruto proibido no jardim do Éden, ambos foram castigados. Entretanto, o castigo de Adão não ia causar conflito em seu relacionamento (Gênesis 3:17-19); foi o castigo de Eva que estabeleceu as bases para os desafios que os casamentos iam, então, enfrentar (eu falei sobre isso no Capítulo 5): "o teu [Eva] desejo será para o teu marido [Adão], e ele te governará" (Gênesis 3:16).

O homem completo sabe que vai haver momentos difíceis que podem fazê-lo querer se divorciar de sua esposa e tirar o peso mental do casamento de seus ombros. Porém, esses são tempos em que ele precisa prender o peso, manter a mão na barra (permanecendo comprometido) e se apoiar em Yah até recobrar as forças para fazer outra série.

Mantras equivocados sobre o casamento

Você já pensou em todos os ditados negativos associados ao casamento? Sugiro que mantras equivocados são a causa principal de muitos divórcios. Pense em alguns dos mantras mais comuns — e problemáticos — associados ao casamento:

- **Esposa feliz, vida feliz:** esse ditado perpetua a ideia de que a felicidade da esposa é a chave para uma vida feliz e a satisfação no casamento. Não há nada errado com um bom homem desejar fazer sua esposa feliz, mas quando o relacionamento é construído sobre essa premissa, ninguém ali vai estar realmente feliz.

- **A melhor metade:** quando as pessoas se referem à esposa como a melhor metade, que mensagem é transmitida ao marido? O sentimento pode ser inocente, mas seus efeitos psicológicos condenam subconscientemente bons maridos. Quando estamos casados, duas metades se tornam um. Está escrito: "A morte e a vida estão no poder da língua", portanto devemos ser sábios em relação às palavras que usamos (Provérbios 18:21).
- **Cumprir uma lista de tarefas:** mais uma vez, isso transmite a mensagem de que o valor de um marido está nas coisas que ele faz. Isso também inclui a "piada" de que a lista nunca está completa — parece sempre haver alguma coisa. Quando o relacionamento é definido por uma performance que não tem fim, alguém com certeza vai ficar decepcionado porque todos nós somos incompletos como parte de sermos humanos.

Apesar de esses mantras serem ditos como piadas leves sobre o casamento, eles perpetuam estereótipos nocivos — aparentemente sugerindo que a responsabilidade por um casamento feliz é apenas do marido. Lembro-me bem de procurar o conselho de um pastor quando fiquei frustrado por Nicole não estar contribuindo com o que eu via ser sua cota de tarefas domésticas, em especial lavar a roupa toda semana. O conselho do pastor foi simples: se comprasse mais cuecas e camisetas, eu não teria razão para reclamar.

Esse conselho aumentou minha frustração porque pareceu nunca haver nenhuma responsabilização para as esposas durante o aconselhamento. Eu, então, perguntei:

— O que Nicole pode fazer para não reclamar quando estou cansado demais para consertar coisas pela casa ou aparar a grama?

Ele riu.

— Isso também é sua responsabilidade!

Lamentavelmente, eu me agarrei a essa crença por muitos anos. Mais tarde, o pastor revelou que muitos líderes do clero optaram por pôr toda a responsabilidade nos maridos porque é muito mais fácil que responsabilizar as esposas quando elas estão erradas.

Essa abordagem de um só lado do aconselhamento conjugal também ficou muito popular no mundo literário cristão. Um exemplo notável é o livro popular do início dos anos 2000 *The Love Dare* ("O desafio do amor", em tradução livre). Eu me juntei a um grupo de homens de minha igreja para enfrentar esse desafio de 40 dias com o propósito de fortificar nossos casamentos. Embora essa tenha sido uma tentativa honrada, pois a Bíblia ordena que os maridos amem suas esposas, é essencial reconhecer que a Bíblia também ordena que as esposas se submetam aos maridos. Acredito que os resultados teriam tido mais impacto e sustentabilidade se também houvesse um livro para mulheres intitulado *O desafio do amor: edição de submissão*.

Apesar de ser crucial para os dois parceiros em um casamento respeitarem e expressarem com respeito suas necessidades e desejos, porque nenhum de nós lê mentes, parece que a lista de tarefas costuma ser feita para os maridos. Talvez seja hora para nós homens fazermos uma para nossas esposas também. Gosto de pensar nela como uma "lista de tarefas a não fazer":

- "Querida, não peça para eu dividir minha comida quando eu me ofereci para comprar seu jantar também e você recusou."
- "Querida, não me acorde de meu cochilo para fazer uma coisa que não seja urgente."
- "Querida, não despreze como estou me sentindo quando eu me arrisco a ser franco com você."

- "Querida, não me peça para comprar algo para comermos até você ter certeza absoluta do que quer."

Minha intenção aqui é ser leve em relação a um desafio sério para os homens. Eu oro para que isso transmita uma mensagem relevante para você se libertar de uma vida com base em desempenho em seu casamento. Confie em mim, sentir-se consistentemente obrigado a corresponder às expectativas pode gerar ressentimento em relação a sua esposa e cultivar uma raiva não resolvida dentro de você.

Permanecer em forma

Muitas vezes, no casamento, tendemos a ficar confortáveis e relaxarmos fisicamente, mas é imperativo para uma boa vida sexual fazermos o possível para ficar em plena forma sexual. Ser capaz de compartilhar essa união sagrada com sua esposa ajuda a nutrir seu relacionamento e a mantê-lo forte. Você se lembra de minha discussão sobre o desejo e a disciplina ao explicar as características do Amante? Nesse caso, o homem completo quer inspirar desejo em seu casamento por meio da disciplina da manutenção pessoal, mantendo o corpo e a mente fortes.

Lembre-se, seja para o bem, seja para o mal, sempre há uma causa e um efeito em nossas ações ou na falta delas. Homens, a verdade é que questões não resolvidas de nosso passado são a principal razão por que muitos de nós lutam para realmente amar a nós mesmos hoje. Traumas não resolvidos nos atormentam e impedem que tenhamos o desejo por nós mesmos necessário para melhorar física, espiritual, mental e sexualmente. Além de se exercitar e manter uma dieta saudável, fazer exames médicos anuais e procedimentos preventivos, como exame de próstata, são importantes para sua forma sexual.

Nos últimos anos de meu pai, quando ele foi diagnosticado com câncer de próstata, eu o levava para seus tratamentos matinais ao longo da semana. Durante aquelas viagens de carro, ele expressava arrependimentos por não ter tomado mais cuidado consigo mesmo quando era mais novo. Sua batalha contra o câncer de próstata se tornou um despertar para ele, em especial quando relacionado com sua coisa mais valorizada, da qual ele frequentemente se gabava: seu pênis.

Em um artigo sobre sexo e doença da próstata, a Faculdade de Medicina de Harvard afirmou que "homens que têm hiperplasia prostática benigna (HBP), um aumento não canceroso da próstata, também podem experimentar disfunção erétil e problemas de ejaculação".[1] Um conselho que meu pai me deu do qual nunca vou me esquecer é este: não espere até precisar da saúde para começar a cuidar dela.

Ficar em forma, porém, não se trata apenas de nossa saúde física. Um baixo desejo sexual está fortemente ligado ao estresse mental. Em um artigo de 2020 publicado pela Global News, o especialista em bem-estar Kyle Buchanan afirmou: "O estresse pode aumentar a produção do hormônio cortisol no corpo, o que pode suprimir nossos hormônios sexuais, gerando uma libido mais baixa."[2] Esse mesmo artigo menciona um estudo da BodyLogicMD no qual 51% das pessoas que responderam relataram "quartos mortos" devido ao estresse no trabalho. Tirar férias ou dias de folga com sua esposa pode ter benefícios incríveis. Sempre que estou sozinho com Nicole de férias, fazemos sexo quase toda noite — e eu estou no início da casa dos 50.

Perguntei a opinião de vários homens, e eles também concordaram que ficam sexualmente mais ativos quando estão de férias do que em casa. É crucial identificar e remover o estresse que obscurece sua vida, sempre que possível. Fazer isso não apenas vai liberar sua libido, mas também ressuscitar seu quarto.

Protegendo os olhos

Um dia, enquanto estava levantando pesos na academia com meu filho espiritual e assistente de muitos anos, Chris, percebi uma coisa diferente. Ele não estava usando óculos. Sabendo que ele mal conseguia ver sem eles, perguntei:

— Por que você não está usando seus óculos?

A resposta de Chris me pegou desprevenido:

— Isso me ajuda a me livrar da luxúria — respondeu Chris. Intrigado, pedi que ele me explicasse melhor. — Sem os óculos, só consigo ver as formas borradas das mulheres, não os detalhes.

Seu compromisso de proteger os olhos e o coração me tocou profundamente. Pesquisas mostraram que a luxúria e o desejo sexual podem impactar o funcionamento do córtex pré-frontal do cérebro, que é responsável por funções cognitivas mais elevadas como tomada de decisões, controle de impulsos e julgamento.[3]

As ações de Chris, estabelecendo limites contra a luxúria, me lembraram de um ensinamento de Yahushua: "Eu, porém, vos digo: qualquer que olhar para uma mulher com intenção impura, no coração, já adulterou com ela. Se o teu olho direito te faz tropeçar, arranca-o e lança-o de ti; pois te convém que se perca um dos teus membros, e não seja todo o teu corpo lançado no inferno" (Mateus 5:28-29). Claro, nosso Messias não estava defendendo ferimentos autoinfligidos, mas Ele enfatizou a importância crítica de tomar medidas radicais para manter o pecado afastado. Até Jó fez um acordo com seus olhos para se afastar da luxúria (Jó 31:1). Isso é um lembrete poderoso de que a luta contra esses desejos tem sido parte da experiência dos homens há eras, mesmo em tempos em que as mulheres andavam totalmente vestidas, sem importar a estação.

Em nossa era moderna, podemos nos ver presos em um ciclo aparentemente infinito de luxúria por meio da internet. Plataformas de redes sociais como Instagram, Facebook, Twitter e TikTok usam algoritmos para perpetuar o conteúdo que eles acreditam que os usuários "amam", nos mantendo engajados e, quase sempre, sem saber, aprisionados em um ciclo de consumo. Mas é o crescimento da IA (Inteligência artificial) que leva isso para um outro nível, permitindo que homens criem suas mulheres ideais para o prazer visual e até conversas em tempo real. Acredito que esse termo tecnológico tenha ganhado outro significado nesse contexto: intimidade artificial. Essa mistura de tecnologia e tentação não apenas borra a linha entre a realidade e a fantasia; ela a apaga, preparando o terreno para possíveis resultados destrutivos.

Embora eu nunca tivesse apertado o botão de "curtir" nas fotos e vídeos de mulheres atraentes, esse conteúdo continuava a povoar meu feed de notícias. Isso faz muito sentido do ponto de vista do marketing, levando-se em conta que sou um homem, mas eu sabia que precisava encontrar um jeito de criar limites digitais se quisesse continuar a usar as redes sociais. Ao selecionar "não interessado" em imagens e vídeos de mulheres sedutoras, fui capaz de proteger com eficácia meus olhos digitais em todas as minhas contas de redes sociais. Agora tudo o que vejo são cachorros, animais exóticos, artes marciais, vigílias e destinos de férias.

Aprendi a importância dessa simples ação preventiva depois de ficar no TikTok na cama enquanto Nicole dormia. Eu tinha passado tempo demais em um vídeo que mostrava uma mulher voluptuosa caminhando por uma passarela, e Nicole de repente acordou e ficou magoada com minha falta de autocontrole. Agora você pode dizer "Sr. Wilson, o senhor estava apenas olhando! E a sra. Wilson provavelmente já olhou para homens sarados", mas tudo isso é irrelevante quando se entende o poder enganador e sedutor do pecado. Nossos desejos do mal podem parecer inocentes de início, mas quando esses desejos não são contidos, o pecado tem permissão de crescer, e quando o pecado cresce totalmente, ele dá origem à morte (Tiago 1:15). Então pare de permitir que o algoritmo controle você; em vez disso, faça com que ele trabalhe em benefício de sua mente, de seu corpo e de seu espírito.

Autocontrole sexual

O autocontrole sexual é o poder de controlar seus desejos sexuais e emoções eróticas — sobretudo em situações tentadoras. Durante minha carreira instalando mármore e pisos de cerâmica, mais de 90% de meus clientes eram mulheres, tanto solteiras quanto casadas. Não era incomum que algumas flertassem ou sugerissem interesse em mais que minhas habilidades com pisos. Manter o autocontrole sexual foi imperativo não apenas para preservar meu casamento, mas também para manter limites profissionais.

Pense na vez em que eu estava terminando uma reforma de banheiro para uma cliente — uma mulher solteira que não hesitava em mostrar que tinha dinheiro para gastar. Quando terminei os toques finais, ela deixou suas intenções muito claras.

— Também preciso reformar a cozinha e o banheiro principal, mas não posso ter você na minha casa se não estiver interessado em ser mais que meu cara do mármore — disse ela com ousadia.

Meus funcionários, movidos pela luxúria, propuseram "entrar na jogada" para manter o trabalho andando, ávidos por terem relações íntimas com a cliente. O pagamento de 35 mil dólares teria sido um benefício expressivo para minha família. Mas eu escolhi me afastar. Estabelecer limites no trabalho é essencial, mas, para mim, preservar minha integridade era algo não negociável, ainda mais sendo um homem casado dedicado a honrar Yah.

Homens, não deixemos que o prazer momentâneo nos afaste de nosso verdadeiro propósito. Lembrem-se dessa lição, além da sabedoria de Chris, para permanecer vigilante na proteção de seus olhos (Provérbios 30:17) e na guarda de seu coração

(Provérbios 4:23). Ao fazer isso, vocês não apenas cultivam o autocontrole sexual, mas também erguem uma fortaleza em torno de sua integridade pessoal, preservando seu casamento, sua família e seu futuro. Vamos nos comprometer com esse caminho, não apenas como defesa contra a tentação, mas como um passo proativo em direção a uma vida honrada e plena.

O escudo e o socorro

A palavra hebraica *ezer* significa ajudante — usada quando Yah abençoou Adão com uma ajudante, Eva. É interessante que *ezer* também signifique socorro — o ato de fornecer apoio, abrigo e proteção em meio a dificuldades e aflições. É a mesma palavra que Davi empregou quando gritou para o Todo-poderoso, proclamando Yah como seu ajudante.

No campo de batalha, o papel do escudo de um guerreiro é fundamentalmente de proteção — ele protege de flechas, lanças e golpes de espada. Uma ilustração interessante do socorro é documentada em 2Samuel 21:15-17, no qual o guerreiro Abishai socorre Davi do gigante Ishbi-Benob — uma intervenção decisiva para evitar uma possível derrota.

No entanto, com que frequência nós, como homens, deixamos de dar a nossas mulheres a oportunidade de exibirem sua força, de nos apoiarem quando estamos fracos, de se tornarem esse escudo e proteção quando somos bombardeados por pensamentos tóxicos, inseguranças ou preocupações com o trabalho? Isso nos leva a sofrer em silêncio e, no fim, a nos voltarmos para escapes nocivos como o álcool, a pornografia ou as drogas em busca de uma liberação. Deixe-me alertá-lo, da mesma forma que um de meus professores de artes marciais, Kajana Cetshwayo, uma vez me alertou: "Homens fortes frequentemente evitam buscar a ajuda de suas esposas, mas cuidado. A pressão pode estourar canos e lembre-se: você não é feito de metal. Aprenda com meus erros ou isso pode acontecer com você."

De muitas maneiras, contribuímos para nossos próprios problemas criando um patriarcado que se desviou da ordem divina inicialmente estabelecida por Yah. O que antes era uma bênção tanto para homens quanto para mulheres se transformou em um sistema que restringia e sobrecarregava apenas as mulheres. No jardim do Éden, Yah deu a Eva a mesma liberdade e as mesmas regras dadas a Adão.

Como homem, senti vergonha ao descobrir que, antes dos anos 1960 nos Estados Unidos, as mulheres não tinham o direito a muitas coisas como votar, possuir propriedades (se casadas), abrir conta bancária, ser juíza, obter cartão de crédito, um diploma de direito e frequentar as melhores faculdades.[4]

Acredito que o patriarcado criado pelo homem nos programou sutilmente para carregar todo esse peso e viver vidas com base em desempenho. Em vez de empoderar as Evas de nossas vidas para agirem como as *ezers* que elas são, continuamos aferrados a um sistema que nos sobrecarrega com estresse e pressão. Apesar de estarem esmagados, muitos homens ainda se recusam a delegar às mulheres tarefas simples como pagar contas, sem vontade de aliviar qualquer fardo posto apenas sobre eles, por eles mesmos. Os homens não foram feitos para viver suas vidas sozinhos (Gênesis 2:18); devemos, mesmo que com muito atraso, aceitar o apoio das mulheres em nossas vidas para podermos realmente começar a viver.

Acolha as batalhas

Todo homem quer ser "forte", mas apenas uns poucos ousam levantar o que é pesado. Anos atrás, em vez de lutar pelo meu casamento, permiti que minhas emoções reprimidas assumissem a luta por mim. Isso quase fez com que Nicole e eu nos separássemos em

2015. Mas o amor venceu. Embora o caminho do casamento às vezes seja difícil, devemos lutar para permanecer nele.

Sou profundamente grato por Nicole e eu termos escolhidos encarar nossas batalhas com sabedoria e com a graça de Yah antes que elas se tornassem guerras irreversíveis. Muitos casais varrem seus problemas para baixo do tapete em nome de uma paz temporária em vez de buscar aconselhamento para ajudar a alcançar uma paz sustentável. Eu não consigo imaginar ter 25 anos investidos em um casamento só para descobrir que ele era uma miragem.

Não se deixe enganar: todo casamento às vezes tem seus desafios, então nunca inveje o relacionamento de ninguém. Em vez de permitir que momentos difíceis endureçam seu coração, faça o trabalho introspectivo necessário para reiniciar, se recuperar e redescobrir o amor que os uniu.

Está escrito que a boca fala com base nas preocupações do coração (Mateus 12:34). Infelizmente, muitos escutam apenas as palavras e não o coração por trás delas. Como a autora Shannon L. Alder disse: "A coisa mais importante na comunicação é escutar o que não está sendo dito."[5] Nicole e eu aprendemos do jeito difícil que não é quanto sabemos que vai salvar nosso casamento, mas quanto desse conhecimento estamos dispostos a aplicar mesmo quando for desafiador fazer isso.

Quero compartilhar uma prática poderosa que adotei que mantém meu coração no lugar certo, ainda mais quando surgem conflitos em meu casamento. Em meu telefone, tenho uma foto que adoro de minha mulher na infância. Ela captura um momento em sua vida em que tinha problemas com falta de confiança, medo de perder o controle e sentimentos de não ser boa o bastante. Sempre que Nicole e eu entramos em uma discussão ou uma desavença — ou às vezes em dias que não há nenhuma discórdia —, eu pego o celular e olho para essa foto. Isso se tornou meu jeito de me centrar e suavizar meu coração em relação a minha mulher.

Essa foto me leva a refletir e perguntar: *Eu estou fazendo o suficiente para ajudar a cicatrizar as feridas daquela versão mais nova dela?* Eu costumo dizer que, dentro de todo homem, há um menino com problemas. Da mesma forma, em toda mulher podemos reconhecer a presença de uma menina ferida.

Acredito que quando somos honestos em relação a esse aspecto de nossa jornada, nossas esposas vão se sentir seguras o bastante para abrir o coração em relação aos sofrimentos de sua infância. Mas se não aumentarmos a capacidade de nossa mente e de nosso coração, nunca vamos conseguir assumir o cuidado de nossas esposas. Por isso é essencial que liberemos tudo o que permitimos ser derramado em nosso copo mental ao longo do dia. Ao preparar nossos corações e nossas mentes, temos espaço para receber o que está sobrecarregando nossas esposas e também para derramar dentro delas o amor e a empatia de que elas precisam para reiniciar.

No fim, um de nossos objetivos em nos tornarmos homens completos deve ser ter a capacidade de ser uma fonte sólida de apoio para nossas mulheres — aquelas que sempre estiveram do nosso lado. Com muita frequência em premiações na TV, você vê um homem se levantar e agradecer à esposa ou à mulher em sua vida por estar sempre presente, dando apoio quando ele não acreditava em si mesmo e estando presente para a família quando ele estava trabalhando. Oro para que vejamos mais mulheres fazer o mesmo — reconhecer publicamente seus maridos, não apenas por seu papel como provedor, mas também por apoiá-las emocional e mentalmente quando estavam prestes a perder a esperança.

Meus irmãos, ao embarcarmos nesta jornada de cura, vamos nos lembrar de nossas mulheres — elas, também, merecem uma pausa em que não precisem ser fortes o tempo inteiro. Sempre tire tempo para afirmar sua mulher e reconhecer suas contribuições.

Comunicação em conflito

Evitar discussões acaloradas por mensagens de texto é crucial, pois muitas vezes as emoções se perdem nesse meio. Mensagens de texto dificultam tanto transmitir as nuances dos sentimentos quanto compreender o clima do momento.

Era noite de Ação de Graças. Depois do jantar com a família, cunhados, primos e avós, precisei voltar a trabalhar neste manuscrito. Informei isso a Nicole em voz baixa, então me despedi de todo mundo antes de me retirar.

Antes que eu pudesse ir embora, recebi uma mensagem de texto curta, porém forte de Nicole: "Ei. Você não devia ter ido embora sem falar comigo."

Perplexo, escrevi para ela: "O quê? Eu literalmente disse a você que estava indo embora."

A resposta de Nicole chegou rápido: "Ouvi você dizer que estava indo embora para todo mundo. Você não veio se despedir de mim. Você devia ter feito isso."

"Eu falei com você primeiro", digitei em resposta.

"Não, você não falou, Jason."

"Falei, sim, Nicole", insisti.

Nesse momento, eu fiquei muito frustrado. Nos 30 anos que nos conhecíamos, eu nunca tinha deixado a presença de Nicole sem me despedir. Mesmo assim, ali estávamos nós, duas pessoas emaranhadas em sentimentos, não fatos. Em vez de agirmos como um casal maduro de 25 anos, deixamos que as emoções nos guiassem como adolescentes em uma discussão.

Nesse momento acalorado de troca de mensagens com Nicole, percebi que devia ter escolhido uma abordagem mais direta — um telefonema para estabelecer uma conexão verdadeira, para realmente entender e expressar nossos sentimentos. Minha falta de estabilidade emocional levou a incompreensões e conflito desnecessários.

Para evitar esse tipo de perda em relacionamentos, adotei um princípio das artes marciais conhecido como *comunicação de combate*. Essa linguagem não verbal envolve a análise cuidadosa dos pontos fortes e fracos e dos padrões de um adversário durante uma luta para ajudar um lutador a responder aos ataques de forma estratégica em vez de forma impulsiva.

No geral, emprego comunicação de combate durante desavenças com Nicole, mas aquela noite de Ação de Graças revelou sua falta de eficácia em mensagens de texto, onde estar totalmente presente é desafiador. Em momentos de discórdia ou conflito, escolher um telefonema em vez de mensagem de texto garante uma comunicação mais clara e mais eficaz. É importante lembrar, mesmo em perdas aparentes, que o objetivo é emergir mais forte.

Sou grato por Nicole e eu agora podermos resolver questões antes do pôr do sol (Efésios 4:26). Alcançar esse nível de entendimento levou mais de uma década e exige compromisso, humildade e vontade de crescer juntos contínuos. Aqui estão minhas cinco dicas de comunicação que promovem reconciliação.

1. **Ouvir ativamente:** em vez de ouvir para responder, esteja atento às emoções e perspectivas do outro sem julgamento. Isso ajuda a entender a causa de origem da questão e a estar totalmente presente no momento.
2. **Não varrer para baixo do tapete:** lide com os problemas quando eles surgirem em vez de evitá-los. Psicólogos atribuem evitar conflitos como uma das principais razões para a quantidade de divórcios.[6]
3. **Ter empatia e compreensão:** tente ver a situação do ponto de vista de sua esposa. Isso reduz comportamentos defensivos e estimula mais honestidade.

4. **Compaixão e não condenação:** concentre-se em expressar suas emoções e necessidades em vez de apontar para as falhas de sua esposa.
5. **Se desculpar e perdoar:** controle seu orgulho e reconheça seus erros; esteja disposto a perdoar sua esposa, estimulando a cura e seguindo adiante.

Não mude o clima

Quando falo de "mudar o clima", estou descrevendo uma situação específica quando uma esposa, com a melhor das intenções, tenta confortar o marido. Ela pode dizer "Querido, vai ficar tudo bem", especialmente em momentos em que as coisas nitidamente não estão indo bem. A garantia de que vai fazer sol amanhã não alivia nossas preocupações em relação à chuva de hoje.

Por favor, não interprete minhas palavras de forma errada. Encorajamento diário é crucial para superarmos o pecado em nossas vidas (Hebreus 3:13), e ter uma esposa que deseja nos confortar durante momentos de desespero é uma bênção. Entretanto, às vezes é melhor se sentir triste, especialmente quando estamos errados, pois está escrito: "Porque a tristeza segundo Deus produz arrependimento para a salvação, que a ninguém traz pesar; mas a tristeza do mundo produz morte" (2Coríntios 7:10).

Lembro-me de um dia na igreja quando uma esposa preocupada tentou impedir que seu marido chorasse descontroladamente no altar. O pastor interveio com delicadeza, sentindo a santidade do momento. Esse homem, que tinha sido abusivo tanto física quanto emocionalmente, estava sob o domínio de uma convicção profunda e inegável — essencial para um caminho de arrependimento.

Portanto, homens, quando encontrarem a coragem para compartilhar seus fracassos com sua esposa, e ela tentar alterar seus sentimentos "mudando o clima", responda com graça e amor. Use isso como uma oportunidade para deixar que ela saiba respeitosamente que você aprecia bastante o apoio, mas precisa expressar seus sentimentos sem soluções imediatas.

Lembre-se, a comunicação eficaz é chave, pois ninguém lê mentes. Embora a resposta de sua esposa possa diminuir, sem intenção, seus sentimentos, esse pode ser um momento excelente para um diálogo aberto e honesto sobre a franqueza emocional em seu casamento.

Não crie batalhas

Aceite batalhas, mas não as crie. Seu casamento já vai enfrentar conflitos externos suficientes sem que você acrescente outros. Não são apenas as discussões óbvias; são as observações maliciosas que podem semear a insegurança e a dúvida em relação a si mesma em sua esposa. Tire um momento para refletir com que frequência você aponta o que ela faz de errado. Eu me lembro de uma época em que Nicole sentia que não conseguia fazer nada certo porque eu sempre era rápido em criticá-la.

Homens, só porque temos algo a dizer, não significa que isso tenha de ser dito. Às vezes, é melhor fazer uma oração que fazer qualquer outra coisa. Só quando aprendi a controlar minhas emoções e me entreguei à orientação do Espírito Santo que consegui conter minha língua. Isso foi especialmente crucial em uma época em que Nicole precisou de cura após anos de meus comentários negativos. O que me surpreendeu foi perceber que muito do que eu queria expressar vinha de minha própria raiva não resolvida, em vez das ações específicas de Nicole das quais eu não gostava.

Vamos ser claros: é vital não enterrar ofensas nem ignorar problemas que possam, mais tarde, levar a um conflito. Porém, é igualmente importante resistir à tentação de deixar que o calor do momento incendeie sua casa em vez de aquecer seus aposentos.

Tirar um momento para pensar antes de responder pode fazer toda a diferença. Reflita sobre a fonte de suas palavras. Veja se elas contribuem positivamente para o relacionamento. Rejeite qualquer emoção que possa impedir sua resposta de ser um catalisador para a compreensão e a cura. Reinicie para como você estava antes de a ofensa ocorrer. Repouse no amor do relacionamento que você tem com sua esposa. Ao fazer isso, você cultiva uma compreensão mais profunda do que realmente define um casamento forte e autêntico, além das emoções passageiras e das aparências externas.

Eu achei divertido quando uma pessoa questionou a autenticidade de meu casamento depois de assistir a um vídeo de Nicole e eu conversando nas redes sociais — e observou que ela não estava sorrindo. O que realmente significa um casamento ser autêntico? Trata-se de felicidade constante e aparências externas ou de atravessar as alegrias e as dificuldades juntos?

Nicole e eu acreditamos na segunda opção.

Homens, insisto que vocês abracem as dificuldades como um bom soldado para garantir que seu casamento nunca se torne uma miragem. Seja autêntico. Esteja presente. Seja fiel.

Medo de compromisso

Antes de acabarmos este capítulo, queria me dirigir aos homens que ainda não são maridos, mas podem um dia querer ter esse título. Depois de certa idade, é bem divertido ouvir um homem crescido se referir a alguém importante em sua vida como namorada. Sobretudo se você está em um relacionamento há algum tempo, usar o termo *namorada* pode parecer imaturo ou não alinhado ao comprometimento e ao respeito mais profundos que uma união séria merece.

Do ponto de vista bíblico, não existe o conceito de namorada; uma mulher é a esposa de um homem ou apenas uma amiga.

Mesmo em documentos oficiais, como formulários de cartão de crédito, o termo *namorada* não aparece; as pessoas são identificadas como solteiras ou casadas.

Devido à natureza de meu trabalho, sou bastante abordado por atletas profissionais em busca de aconselhamento e instrução de vida. Em certa sessão, a noiva de muito tempo de um jogador estava bastante magoada porque ele não tinha reconhecido publicamente o papel dela na organização de um evento que foi um sucesso para ele. O homem agradeceu a todas as outras pessoas nas redes sociais — exceto a ela. Esse tipo de incompreensão acontece em relacionamentos o tempo todo. Ele ficou arrependido de verdade, mas suas desculpas não foram o suficiente. Ela se sentiu desprezada e subvalorizada. Ele entendia porque ela estava aborrecida, mas não conseguia compreender por que ela não podia esquecer isso.

Eu fiz a ele uma pergunta simples:

— Por que você não se casou com ela?

Ele respondeu:

— Estou só esperando até conseguir assinar um contrato mais longo com um time e ter mais segurança.

Foi então que apresentei a ele a seguinte situação:

— Imagine se seu time nunca assinar com você um contrato de muitos anos e, em vez disso, oferecer a você contratos de um ano, temporada após temporada. Qual seria a sensação?

Ele riu, porque sabia aonde eu queria chegar. Eu continuei:

— Ela se sente como um bom jogador sem clube, alguém que tem números impressionantes, obtém conquistas do nível de um campeonato, mas nunca obtém o compromisso que ela realmente merece: o anel.

Fiz uma pausa e disse:

— Ela quer o mesmo tipo de compromisso que você busca em sua carreira, algo que reflita seu valor e sua dedicação.

Em *Battle Cry*, contei uma história sobre um amigo que insistia que não ia pensar em casamento até estar com a vida organizada — uma carreira de sucesso, estabilidade financeira, uma casa e assim por diante. Eu não consegui evitar questionar seu ponto de vista:

— Quando foi a última vez que você viu uma vida estar tão perfeitamente organizada?

Nós rimos juntos por um momento, mas também fizemos uma pausa para refletir sobre seu raciocínio. Foi interessante que, no fim daquele mesmo ano, ele mudou de opinião e decidiu dar um passo adiante. Ele pediu o amor de sua vida em casamento, e hoje eles estão ativamente construindo seu reino juntos. É, sem dúvida, recomendável desejar estabilidade financeira e ordem antes de entrar em um casamento. Entretanto, também é importante não deixar que as coisas que faltam o impeçam de obter o que deseja.

ENTRE EM AÇÃO

Atividade nº 1: Comunicação silenciosa

Minha esposa e eu fomos apresentados ao exercício da comunicação silenciosa por nosso terapeuta conjugal como uma forma de aprofundar a conexão entre nossos corações, especialmente antes de entrarmos em discussões que têm o potencial de se tornarem brigas. É incrível o quanto pode ser comunicado em silêncio. Muitas vezes, nossos olhos revelam verdades que nossas palavras escondem, às vezes chegando até mesmo a levar às lágrimas. Eu encorajo você a tentar este exercício introspectivo com sua esposa.

1. Sente-se bem em frente a sua esposa em um aposento silencioso.
2. Deixe que os joelhos de sua esposa fiquem dentro dos seus, com os seus por fora dos dela.
3. Mantenham seus joelhos conectados durante todo o exercício.
4. Segure as mãos de sua esposa;[7] o toque físico não apenas reduz o hormônio do estresse, cortisol, mas também estimula o neurotransmissor oxitocina, promovendo a confiança e o amor.[8]
5. Olhem no olho esquerdo um do outro. Se concentrar no olho esquerdo significa olhar para o hemisfério direito, uma região crucial no cérebro que abrange nosso centro de identidade, aspectos criativos, profundidade emocional e a gênese da alegria.
6. Comunique-se em silêncio com sua esposa com os olhos por três minutos.
7. Voltem para uma conversa normal.

Observação: isso pode parecer estranho ou intenso; não há problema em desviar o olhar por alguns segundos. Mas volte sua concentração para o olho esquerdo de sua esposa – permitindo a si mesmo sentir profundamente as emoções que você deseja expressar para ela.

Atividade nº 2: Renove sua mente

A renovação de minha mente começou com a entrega completa ao Altíssimo, por meio da salvação no Messias – Yahushua. Esse primeiro passo me deu forças para lutar e vencer minhas batalhas internas. A seguir, estão cinco passos críticos adicionais que dei em meu caminho para me tornar não apenas um marido melhor, mas um homem completo.

1. Comece a desmantelar os efeitos prejudiciais do patriarcado em sua vida e reestabeleça a ordem divina de Yah.
2. Permita que sua esposa seja uma *ezer*, sua aliada, que pode ajudar a proteger você dos fardos que surgem todos os dias em seu caminho.
3. Pratique o autocontrole sexual para manter os limites conjugais em interações tanto profissionais quanto pessoais com mulheres, sobretudo quando você ficar fisicamente atraído e tentado a agir seguindo seus desejos.
4. Comece a encarar, lutar e superar seus medos em vez de permitir que eles o impeçam de ter a vida e o amor que você deseja e merece.
5. Pare de se moldar aos modos do mundo. Em vez disso, peça a Yah para renovar sua mente a fim de conhecer Seu propósito para você como marido (Romanos 12:2).

Atividade nº 3: Tempo de espelho

Pegue seu espelho e olhe em silêncio nos olhos do homem ali refletido. Não desvie o olhar por sessenta segundos. Então, valide esse homem por meio das seguintes frases:

- Vou definir meu papel e meu valor como marido com base na verdade e na integridade pessoal, não em mantras.
- Vou praticar o autocontrole sexual, protegendo meus olhos e coração da luxúria.

- Vou aceitar de boa vontade a ajuda de minha esposa e vou aceitar o que a torna única.
- Vou buscar apoio profissional para solucionar meus traumas para ser capaz de ajudar minha esposa a curar os dela.
- Vou me esforçar para conciliar conflitos com minha esposa imediatamente, sempre mantendo uma comunicação aberta e compassiva.
- Não vou permitir que meus medos atrapalhem minha busca por um relacionamento amoroso com minha esposa.

11. O pai

O pai deseja a confiança de seus filhos e fornece um espaço seguro para que eles recebam amor, aprendam com seus erros e dominem seus medos.

Na quadra 1.600 da Improdutividade, vive uma linda família chamada Ocupados. Eles passam a maior parte de seus dias trabalhando para realizar seus sonhos, sacrificando o futuro de seus filhos por sua atual indulgência. Enquanto o sr. e a sra. Ocupado se mantêm ocupados, o diabo chega e se ocupa. Pais ocupados mantêm um sorriso no rosto do diabo, pois trabalham tanto que quase tudo toma o lugar de seus filhos. Embora esteja escrito que seus presentes vão abrir espaço e colocá-los sentados diante de reis, eles preferem sacrificar seus presentes (filhos) para abrir espaço para seus sonhos.

Esse poema que escrevi anos atrás continua a me condenar a cada leitura. Inúmeras vezes, refleti com remorso sobre as oportunidades perdidas de passar tempo de qualidade com minha filha, Alexis, e com meu filho, Jason. Embora filhos não venham com um manual de instrução, quanto mais tempo investimos neles, mais aprendemos.

Felizmente, aceitei a graça de Yah e trabalhei ativamente para me redimir com meus filhos por muitos de meus defeitos do passado. Como pais, devemos aspirar não apenas a entender os pensamentos e as emoções de nossos filhos, mas também ajudá-los a processar seus sentimentos. Apenas após confrontar meus próprios traumas, pensamentos tóxicos e emoções erráticas que eu realmente dominei isso, eliminando qualquer distância que pudesse separar meus filhos de mim.

Pais, quando amamos nossos filhos de forma sacrificial, nos tornamos seu espaço de segurança, mesmo quando eles parecem nos rejeitar. Eu me lembro claramente de um momento quando um pai, sobrecarregado por um coração pesado, se levantou e me fez uma pergunta durante uma discussão em um painel. Com um desejo profundo de se reconectar com o filho adolescente, ele falou com uma emoção palpável:

— Como homem, como mentor, como pai, qual é a abordagem completa para penetrar no coração de um filho que está endurecido? Eles basicamente sufocam você. Estou tentando nutri-lo, porque nutro as pessoas o tempo inteiro, mas não consigo nutrir meu filho.

— A paternidade não se trata de perfeição — disse eu ao pai. — Trata-se do poder de nossa presença. — Eu prossegui: — Meu filho nem sempre quer conversar. Você sabe o que eu faço? Apenas pergunto a ele se posso ficar deitado no chão de seu quarto. E fico ali em silêncio até ele estar pronto para conversar. Isso não apenas mostra a ele que respeito seu espaço, mas também lembra a ele que estou pronto e esperando para ser parte de seu mundo.

Para dizer isso de forma mais concisa, um pai nunca deve deixar seu filho apenas ser. Os riscos em potencial associados com pais se afastando da vida dos filhos são grandes demais, mesmo quando nossos jovens parecem distantes. A desconexão pode criar distância emocional, aumentar as chances de problemas de saúde mental, corroer as habilidades de lidar com problemas, diminuir o valor que eles têm de si mesmos, afetar negativamente o desempenho escolar e enfraquecer os laços entre pai e filho. Não deixe que a culpa inapropriada o convença de que você está fracassando como pai só porque o relacionamento parece tenso. Lembre-se: esses momentos são temporários, e sua presença permanece essencial.

Já disseram que um pai sem dinheiro que passa tempo com o filho é melhor que um pai rico que apenas manda dinheiro. Pais, o chamado é claro: nossa presença é o maior presente.

Estar engajado e envolvido ativamente com seu filho tem muito mais peso que o mero gesto de dar dinheiro. Seu tempo, orientação, amor e afirmação — esses são os presentes que realmente moldam o mundo dele. Não se trata apenas de prover necessidades materiais; trata-se do impacto profundo que você causa estando presente — não sendo perfeito.

Quando pais reclamam das exigências da paternidade, eu peço a eles que reflitam sobre isso: *Com o que você poderia viver?* Você pode aguentar superar o trauma de sua criação para garantir que seu filho se sinta seguro com você? Ou prefere carregar o fardo de eles sucumbirem ao suicídio ou caírem no vício porque acreditavam que tinham de enfrentar seus problemas sozinhos?

O homem completo escolhe ser a presença inabalável da qual seu filho precisa e que ele merece.

Perdão rápido

Infelizmente, muitos de nós fomos condicionados pela tradição do amor duro, acreditando que nosso papel como pais é apenas disciplinar, tal como nossos pais fizeram antes de nós. Essa abordagem estreita, embora frequentemente bem-intencionada, deixa passar a compreensão mais profunda necessária para nutrir o desenvolvimento completo de nossos filhos.

Logo, isso resultou em uma geração de homens emocionalmente suprimidos e perpetuou traumas intergeracionais. Nossos meninos não precisam de mais disciplina; eles precisam de mais amor. Quando oferecermos a eles um espaço seguro para experimentar o fracasso, eles vão superar o medo que têm dele.

Um dia, depois de treinar com meu filho, ele se virou para mim e perguntou com sinceridade:

— Pai, como você virou um grande pai quando seu pai não era?

Eu respondi honestamente:

— Filho, eu só dei a você aquilo que desejava.

Nosso desejo de dar a nossos filhos o pai que nunca tivemos não deve significar que negligenciemos impor a disciplina de que eles precisam. Está escrito que há um tempo para todas as coisas (Eclesiastes 3:1–8). Então, há um tempo para "amor duro", mas essa não deve ser a única abordagem.

Eu cometi minha cota de erros como pai, mas sempre procurei me redimir com meus filhos. O dia em que dei esses passos marcou uma mudança significativa não apenas em meu relacionamento com meus filhos, mas em minha própria jornada como pai. Foi o início de minha transformação de ser apenas um disciplinador para me tornar um pai mais amoroso.

Por exemplo, encontrei muito valor naquilo que chamo de *perdão rápido* na paternidade. Como pai, costumo comparar minhas reações às de meu Pai Celestial. Sempre que meus filhos me ofendem ou deixam de seguir instruções, e eu sinto uma onda de raiva e vontade de guardar rancor, eu me lembro do Salmo 30:5: "Porque não passa de um momento a sua ira; o seu favor dura a vida inteira."

Para mim, esse versículo incorpora um princípio fundamental da paternidade. Sim, há momentos em que ficamos com raiva ou decepcionados com o comportamento de nossos filhos. Mas como Yah, nossa raiva deve ser passageira.

Depois da disciplina, nosso favor, nosso amor e nossa graça por nossos filhos devem perdurar ao longo de nossa vida, deixando uma impressão duradoura em seus corações e em suas mentes. Essa abordagem exige que nós, enquanto pais, sejamos completos e presentes em todos os momentos, acolhendo os muitos papéis que nossos filhos precisam que acolhemos.

Quando meus filhos se deparam com problemas, eu me esforço para me tornar o homem que o momento exige. Eu sou seu pai quando eles desejam se sentir amados e aceitos. Sou seu conselheiro quando eles precisam de um espaço seguro para revelar seus pensamentos e suas emoções mais profundos. Sou seu sábio quando eles buscam sabedoria para atravessar os desafios à frente. Sou seu disciplinador quando eles precisam de orientação e correção para permanecerem no caminho estreito (Mateus 7:14).

Afirmando ao mesmo tempo que protege

Muitos de nós fomos criados por pais que eram o tipo "forte e calado". Infelizmente, esses relacionamentos entre pai e filho quase sempre não tinham afirmação. Quando meu filho, Jason, era mais novo, gostava de treinar artes marciais comigo. Mas eu perdi inúmeros momentos para afirmá-lo pelo caminho. Aos poucos, sua paixão por artes marciais desapareceu, e seu interesse se voltou para o basquete — um esporte por meio do qual ele sentia que ia obter o reconhecimento de seus avós, tios e primos. Sabe, o avô jogou basquete quando era jovem e ainda é um fã ávido. Os dois tios de Jason jogaram em times, e todos os seus primos homens estão bastante comprometidos com o esporte hoje. Você pode imaginar a pressão avassaladora que meu filho sentiu para seguir essa tradição familiar?

No entanto, essa pressão não está confinada apenas a nossa família. Há uma narrativa imprecisa na sociedade de que os esportes são o único caminho para a riqueza e o reconhecimento de homens jovens afro-americanos. Poucas coisas me irritam tanto quanto quando as pessoas percebem meu filho adolescente inteligente, com 1,90 m de altura, e perguntam com entusiasmo: "Você joga basquete?" Só porque um homem é alto, isso não significa que seu cérebro só consegue calcular como quicar uma bola. É desanimador ver quantos rapazes multitalentosos ficam confinados ao nicho dos esportes, como se a vida fosse apenas um jogo.

Permiti com relutância que meu filho jogasse basquete organizado, mas, com o passar do tempo, comecei a me arrepender dessa decisão. Traumas intergeracionais são passados não apenas por meio das famílias, mas também por meio dos esportes. Com frequência demais, homens de bom coração, mas não curados, se tornam treinadores com base em suas próprias feridas da infância. Eu saúdo os homens que param de treinar equipes e procuram terapia quando percebem que estão causando mais mal que bem para seus jogadores.

Já contei antes que decidi tirar Jason do time de basquete da escola, e acredito que seja importante explicar por que, como pai, tomei essa decisão. Jason estava no último ano do rito de passagem da Caverna de Adulão quando começou seu último ano do Ensino Fundamental. Ele tinha se comprometido a terminar o treinamento para o rito de passagem com seus "irmãos da Caverna", com quem ele tinha começado em 2013. Mas isso mudou quando chegou a época dos treinos de basquete. Ele queria jogar, e sua mãe estava a favor disso, mas eu não estava. Eu sabia que o esporte organizado ia exigir que Jason dedicasse uma quantidade irresponsável de horas em treinos — tempo que eu preferia que ele gastasse para se tornar um aluno academicamente melhor em vez de um aluno atlético. Porém, eu sucumbi à pressão — ou, devo dizer, ao desejo de Jason — e cheguei a permitir que ele parasse de treinar na Caverna de Adulão para jogar basquete.

O que não percebi foi que meu receio em deixar Jason jogar basquete ia mais fundo que minhas preocupações com o desempenho acadêmico ou com treinadores emocionalmente instáveis; também se tratava de suportar o sofrimento de vê-lo buscar a validação de meus cunhados e de seus primos em vez da minha. Sabe, todos os meus sobrinhos buscaram avidamente seguir o desejo de seus pais de que eles jogassem basquete, já o meu filho seguiu um caminho diferente — um caminho que não incluía realizar meu desejo de que ele completasse o rito de passagem. Eu nunca precisei viver indiretamente por meio de meu filho; Yah já tinha realizado muitas coisas por meio de mim. Ainda assim, houve um sofrimento profundo quando eu o vi se afastar do ministério que tinha sido divinamente confiado a mim. Mesmo assim, eu entendia que meu papel não era de controlar Jay, mas resistir como um pilar de apoio para ele durante essa transição — uma força silenciosa em meio a minha própria dor, confiando que a jornada dele também tinha seu propósito.

Nas semanas antes das folgas de Natal, o time de Jason estava jogando uma partida noturna quando ele levou uma cotovelada involuntária de um jogador adversário na cabeça, o que resultou em uma concussão dolorosa. Nosso médico de família aconselhou que Jason descansasse pelo resto do mês e só voltasse a jogar depois do ano-novo. Durante o recesso de Natal, me senti sentenciado por Yah a fazer Jason manter sua palavra — honrar seu compromisso com seus irmãos da Caverna e completar o rito de passagem. Então criei um horário no qual ele podia jogar basquete enquanto continuava seu treinamento na Caverna de Adulão, embora isso significasse perder dois treinos de basquete por semana. Jason e eu entramos em acordo, e o diretor esportivo deu todo apoio ao plano. Tudo pareceu bem... por um momento.

Era o primeiro jogo do novo ano. Quando o time terminou o aquecimento pré-jogo, Jason foi fazer alguns arremessos de rotina, algo que ele tinha feito inúmeras vezes antes. Mas, dessa vez, quando ele tocou o chão, seu joelho cedeu, se estendendo demais e torcendo um ligamento, o ligamento cruzado, o menisco e a panturrilha. Jason sentiu muita dor, mas tudo o que ouvi de seus colegas de time e treinadores foram risos. Envergonhado, Jason se sentiu forçado a jogar mesmo com dor. Mais tarde, um ortopedista confirmou que, talvez, sua decisão de continuar jogando tenha causado ainda mais danos.

À medida que Jason seguia o programa de recuperação receitado pelo médico, ele tomou consciência do ceticismo crescente em meio ao time e aos técnicos, que desconfiavam que ele estava exagerando a seriedade de sua lesão. Em consequência, o mal se estendeu além do joelho de Jason; isso magoou profundamente seu coração. Como você pode imaginar, eu fiquei indignado. Se não forem tratados de imediato, esses são os tipos de momentos que podem provocar um medo paralisante de fracasso em uma mente jovem.

Eu me lembro de perceber no mesmo mês que vários de meus novos alunos na Caverna de Adulão estavam muito ansiosos durante as aulas, como se estivessem com medo de cometer um erro. Parei a aula e perguntei:

— Vocês podem cometer erros durante os treinos? — Todos ficaram confusos. Eu continuei: — O treino é um momento em que você aceita erros e permite que eles ensinem a você, afiem suas habilidades e o tornem melhor!

Só durante o jogo ou a competição você não quer cometer erros, porque aí isso pode custar a partida.

Como Jason não pôde jogar pelo resto da temporada, eu o encorajei a usar esse tempo para refletir se jogar basquete no ano letivo seguinte ia valer a pena. Eu sou contra Jason praticar esportes? Não necessariamente. No entanto, sou contra ele perder tempo. A carreira média de um jogador da NBA é de apenas quatro anos, mas muitos pais permitem que os filhos passem a infância e a juventude inteiras se preparando para um emprego de três ou quatro anos — se tiverem sorte o bastante para ganharem na loteria do draft.

Por meio de meu trabalho, cultivei inúmeros relacionamentos com atletas profissionais e treinadores de Hall da Fama. O Altíssimo usou essas conexões para validar que meu desejo de que meu filho tenha aspirações além do mero esporte não tem origem no egoísmo, mas na sabedoria.

Um dia, percebi que o craque da NBA Anthony Davis estava me seguindo no Instagram. Sabendo que Jason é um grande fã dele, resolvi testar a sorte e enviei uma mensagem direta para Anthony. Para minha surpresa, ele respondeu rapidamente! Eu aproveitei a oportunidade para contar que meu filho estava orando para que Anthony se recuperasse rapidamente de uma lesão recente. Incrivelmente, Anthony se curou a tempo para os playoffs, e os Lakers acabaram vencendo as finais. Mas a história não acaba aqui.

Quando Anthony viu uma publicação no Instagram na qual eu compartilhei as notas excelentes de meu filho, ele expressou interesse em conseguir para Jason uma camisa autografada. Eu não consegui acreditar na bondade e na generosidade desse superastro da NBA.

No mesmo ano, durante férias em família em Los Angeles, Anthony arranjou para que eu recebesse uma camisa com detalhes em amarelo e roxo usada em um jogo e autografada. Esse foi um momento que ficaria gravado em nossas lembranças. Quando dei a camiseta para Jason, a expressão em seu rosto não teve preço — uma mistura de alegria, assombro e inspiração. A assinatura de Anthony dizia: "Continue em frente, jovem rei!" Eu expliquei a Jason que a camiseta não tinha sido dada a ele porque ele jogava basquete. Anthony viu algo mais profundo: um jovem de bom caráter, com um potencial tremendo.

Aspirações *versus* limitações

Pais, nós devemos definir a realidade para nossos filhos enquanto também os inspiramos a atingirem todo o seu potencial. Eu me lembro de um dia em que meu filho, quando tinha cerca de 7 anos, queria muito sair para brincar. Eu disse que ele não podia sair sem minha supervisão.

— Pai — respondeu ele com confiança —, minha professora disse que não existe uma coisa como *não poder*.

— É mesmo? — retruquei, reconhecendo a boa intenção por trás das palavras de sua professora, mas mesmo assim vendo uma oportunidade para ensinar uma lição vital de que alguns limites são reais e devem ser compreendidos. Ele precisava entender o conceito de que limites existem, sim.

— Jason — falei com calma —, feche a mão. — Quando sua mãozinha se fechou, fechei minha mão delicadamente em torno da dele. — Agora você pode abri-la? — perguntei, deixando que ele sentisse os limites do momento, ainda assim orientando-o a entender que enquanto o potencial é ilimitado, a realidade ainda tem seu lugar.

Ele respondeu com um sorriso:

— Não posso.

Eu retribuí o sorriso e continuei:

— Filho, sua professora queria inspirar vocês a seguirem seus sonhos. Mas, como seu pai, devo ajudá-lo a entender que, ao atingir as estrelas, também há respeito pela realidade das regras e de certas limitações.

Mantras têm o poder de motivar, mas eles também podem enganar. Logo, você deve guiar seus filhos para perceber a diferença entre os dois.

Essa lição não pretende desestimular aspirações, mas fornecer uma perspectiva realista. Trata-se de nutrir uma atitude que reconheça os desafios ao mesmo tempo que busca realizações. Ensinar a diferença entre mantras motivacionais e entendimento prático dá poder a nossos filhos para navegarem suas emoções e a vida com mais eficácia.

Erradicando o sentimento de se achar no direito

Eu tinha apenas 25 anos quando minha linda filha, Alexis, chegou a este mundo. Naquela época, eu tinha energia e determinação sem limites e uma ética de trabalho implacável que me permitia assumir quase todos os desafios que eu queria. Eu passei por diversos campos, indo de uma empresa de produção musical e uma construtora até fundar a organização sem fins lucrativos Yunion.

Alexis testemunhou não apenas os sacrifícios exigidos para ter sucesso nessa vida, mas a autonegação necessária para carregar nossa cruz e seguir Yahushua até um lugar eterno com Ele. Como diz o ditado, nossos filhos não fazem o que dizemos; eles fazem o que fazemos. Quando tinha 23 anos, depois de anos observando minha ética profissional, Alexis abriu uma agência de talentos especializada em transformação de atitudes mentais e alinhamento de marca.

Em 2007, Nicole e eu recebemos uma das maiores bênçãos do Altíssimo, nosso belo caçula, Jason. Ele foi uma resposta a nossas orações. Desde quando era pequeno até os anos de escola primária, Jason e eu éramos inseparáveis; ele dava uma enorme quantidade de alegria para meu coração. Estabeleci como minha missão fornecer a ele tudo o que eu queria de meu próprio pai — e um pouco mais. Para ele, eu era como um herói. Ele dizia várias vezes: "Pai, você consegue fazer tantas coisas!"

Minha resposta sempre era: "Filho, você também pode fazer grandes coisas se trabalhar para isso."

Agora que sou um pai mais velho criando um filho adolescente, eu encaro um conjunto único de desafios. Não que meu filho seja rebelde ou desobediente, mas com mais de 50 anos, eu não tenho a energia que tinha quando era mais jovem e criava sua irmã. Além disso, lesões em treinamentos de artes marciais cobraram seu preço em minha condição física. Quando volto para casa do trabalho, com frequência, sinto-me esgotado e pronto para descansar em vez de para um jogo de basquete ou treino de artes marciais.

Uma noite, o Altíssimo tocou meu coração, revelando a ausência clara de tempo intencional passado com Jason — um tempo de que Jason precisava para se tornar um homem autossuficiente. Por um mês, mantive um registro do tempo que eu e Jason passávamos juntos. Fiquei entristecido ao descobrir que eram apenas 20 minutos por dia durante o ano letivo.

Profundamente tocado, eu me arrependi e orei, de forma muito parecida com Sansão na Bíblia, pedindo forças mais uma vez. Minha intenção não era usar essa força para o combate como fez Sansão, mas para ajudar meu filho a entender o que é preciso para transformar visões em realidade.

A essa altura, Jason só tinha testemunhado os frutos de meu trabalho e não o esforço exigido para chegar aonde estou hoje. Consequentemente, sua ética e sua diligência profissionais não estavam no nível que precisavam estar. Ele tinha a tendência de se desencorajar com facilidade quando se deparava com fracassos iniciais. Sou muito grato por ter reconhecido essa tendência enquanto Jason ainda está sob nosso teto e eu posso ajudá-lo a superar isso.

Eu recentemente conversei com um grupo de pais mais velhos que também estavam angustiados com a falta de ética profissional e de iniciativa de seus filhos. De forma muito parecida com o que aconteceu comigo, eles tinham menosprezado o fato de que seus filhos viam apenas o fruto de seu trabalho, mas não o trabalho duro necessário para os pais chegarem aonde estão. Às vezes, como pais, sobretudo quando estamos mais velhos, temos de dar um passo atrás para ajudarmos nossos filhos a seguirem adiante. Então, agora, eu devo afastar temporariamente o conforto que trabalhei tanto para obter e devo reavivar a atitude mental que eu tinha quando estava me esforçando para conquistar isso — algo que encorajei esses homens a fazer, a mostrar a seus filhos tanto a semeadura quanto a colheita de seu sucesso. Ao compartilhar intencionalmente não apenas os frutos de nosso trabalho, mas também o esforço necessário para cultivar uma colheita, nós suprimimos as sementes do sentimento de se achar cheio de direitos antes que elas finquem raízes nas mentes de nossos filhos. Essa abordagem da paternidade em nossos anos da meia-idade garante que nossos filhos entendam o valor do trabalho duro e da perseverança.

Reconciliando relacionamentos

A jornada para ser um pai completo de verdade não tem destino fixo; ela é um processo contínuo de crescimento e evolução.

Eu me sinto levado a compartilhar alguns dos erros que cometi com minha filha por dois motivos. Primeiro, para lembrar aos pais com problemas de que eles não estão sozinhos em seus sentimentos de fracasso. Segundo, para estimular pais a não serem duros demais consigo mesmos quando os erros inevitavelmente acontecerem.

Enquanto Alexis estava crescendo, eu era um pai jovem e hipermasculino com problemas de raiva não resolvida, surtos de depressão originários da ferida do meu pai e perdas pessoais significativas. Eu personificava a própria definição de masculinidade — forte, agressivo e ousado. Embora eu fosse um pai divertido, projetava mais dureza que ternura. Mas à medida que minha filha entrava em estágios diferentes da vida, ela precisava de um pai que fosse gentil, compassivo, compreensivo e paciente.

Olhando para trás, percebo que não era maduro o suficiente como homem para pensar se seu quarto sempre desarrumado podia ser um indicativo de uma questão subjacente. Em vez de abordar a situação com sensibilidade, eu quase sempre chegava a conclusões precipitadas, presumindo que ela não respeitava minha autoridade ou estava sendo deliberadamente desobediente.

A psicoterapia me ajudou a ir fundo nas raízes de meu estilo de paternidade. Logo descobri que minhas próprias experiências com as críticas constantes e a rigidez de meu pai tinham influenciado profundamente o tipo de pai que eu havia me tornado. Por exemplo, uma tarde, quando eu tinha uns 12 anos, deixei a escova de cabelo na mesa da cozinha, sem saber que isso podia ser considerado anti-higiênico. Em vez de me ensinar sobre minha higiene, meu pai reagiu com uma saraivada de impropérios. Na verdade, ter cabelo na mesa da cozinha era um grande motivo de irritação — um fato que na época eu não sabia, embora ele fosse barbeiro. A obsessão de meu pai com limpeza me ensinou que manter uma aparência de ordem era mais importante que promover a verdadeira ordem, compreensão e harmonia dentro de sua casa. Décadas depois, quando me tornei pai, eu me vi repetindo aqueles padrões, com frequência sem sequer me dar conta. Esse é o efeito de um trauma intergeracional, um ciclo de comportamentos prejudiciais passados de pai para filho. Quando crianças, frequentemente repetimos de forma inconsciente o que aprendemos.

Nos anos formativos da vida de Alexis, eu frequentemente me via sendo seu pai com a mesma rigidez que tinha aprendido subconscientemente com meu pai — repreendendo-a sempre que seu quarto não estava arrumado. Como você pode imaginar, meu comportamento causou repercussões emocionais para ela tanto na época quanto na vida adulta. Alexis não precisava de um "pai disciplinador"; ela precisava de um pai que fizesse com que ela se sentisse a menina dos olhos dele, em vez de um incômodo. Reconheci minhas deficiências em relação a isso e decidi me esforçar para ser um homem melhor. Me comprometi a fazer um trabalho interno profundo: resolver traumas de infância, deixar perdas de lado e treinar para proteger meu coração de todas as emoções que ameaçavam me arrastar de volta para um comportamento destrutivo.

Agora, quando falho em meu papel de pai, eu me recupero mais rápido olhando duramente para mim mesmo e implementando os quatro *Rs*: Refletir, Rejeitar, Reiniciar e Repousar.

Yahushua uma vez disse: "Não seja hipócrita. Primeiro olhe no espelho e remova a trave de seus próprios olhos antes de tentar tirar o cisco do olho de outra pessoa" (Mateus 7:2–5, parafraseado). Sempre que digo ou falo alguma coisa que magoa meus filhos, eu primeiro *reflito* profundamente em meu espelho mental, *rejeito* os pensamentos negativos antes de reagir, me *reinicio* emocionalmente para que minha resposta não seja uma reação, e então, depois da reconciliação, eu encontro *repouso* para minha alma. Toda vez que olho nesse espelho, sou confrontado com aquela enorme trava em meu próprio olho. Mas depois que consigo me livrar dessa obstrução, posso ver nitidamente como orientar meus filhos a remover o cisco de seus olhos. É crucial, porém, não se demorar muito diante do espelho. Nós sempre vamos encontrar áreas em que podemos melhorar, mas se permanecermos ali, na verdade nunca vamos ajudar nossos filhos com seus próprios "ciscos".

Atualmente, apesar de ter dado o passo difícil de me desculpar com minha filha pelos anos em que estive fisicamente presente, mas emocionalmente ausente, ainda há feridas que causei que exigem esforço contínuo para cicatrizar. Embora tenha progredido no reconhecimento de meus defeitos, o processo de curar essas feridas e reconstruir nosso relacionamento continua.

Acredite em mim, eu entendo que o cansaço pode vir de sentirmos como se nós, pais, sempre fôssemos responsáveis pelos problemas vividos pelas nossas famílias. Entretanto, essa percepção não é precisa, e a condenação de si mesmo apenas prejudica a recuperação. É importante tirar um momento e perguntar a si mesmo: "Como isso aconteceu? E será que minha resposta foi uma reação a algo muito mais profundo?"

Desejo que tanto meu filho quanto minha filha saibam sem qualquer dúvida o quanto eles são maravilhosos para mim. Mas essa verdade deve ir além de meras palavras. Devo vivê-la por meio de ações. O amor é apenas teoria até ser testado. Nossos filhos devem ter a segurança inabalável de que nosso apoio se estende até a momentos em que temos de disciplina-los. Em relação a isso, como pais, devemos tomar cuidado para não empurrá-los para o lugar onde eles nos amam, mas não gostam de nós, fazendo com que sintam raiva e se rebelem (Efésios 6:4).

Eu sou uma obra em progresso constante; o mesmo é verdade para você. Lembre-se, não há destino final para o autodesenvolvimento, apenas evolução constante.

Pais, não temam o fracasso. Os erros são nossos maiores professores, nos guiando em direção ao crescimento. O único erro fatal é aquele com o qual nos recusamos a aprender. Portanto, continue estimulado durante o estágio de reconciliação; relacionamentos com problemas podem ser consertados se nos recusarmos a abrir mão de nosso desejo de cura.

O pai pesaroso

O céu estava nublado quando levei Nicole ao hospital. Ela estava grávida, e nossos corações estavam cheios de empolgação quando fomos até lá para descobrir o gênero de nosso bebê antes do nascimento. Naqueles dias, não havia festas de chá revelação elaboradas; em vez disso, tudo era apenas gel gelado e o dispositivo do ultrassom.

Enquanto a técnica examinava a barriga de Nicole, detectamos uma leve mudança em seu comportamento. Ela saiu e voltou com o médico, que confirmou nossos medos: nosso bebê não estava mais vivo. Nicole foi tomada de tristeza. Quando o médico deixou a sala, Nicole gemeu e começou a chorar. Ela já tinha perdido quatro bebês, tornando esse momento especialmente angustiante. Eu tentei reunir as emoções necessárias para consolá-la, mas, lamentavelmente, a compaixão, a empatia e a tristeza me escaparam — eu não consegui ser o homem do qual ela precisava naquele momento.

Como um homem masculino típico, eu enterrei essa dor, da mesma forma que eu tinha feito com as outras perdas em minha vida.

O hospital se ofereceu para pagar um funeral para nossa filha, que tínhamos chamado de Olivia, mas decidimos recusar — uma decisão da qual nos arrependemos até hoje. Minha razão para dispensar o funeral estava enraizada em permanecer forte e me proteger da dor insuportável de enterrar um bebê, o que eu sei agora não ter sido a melhor escolha para meu bem-estar emocional.

Um pastor nosso expressou suas condolências nos dando uma planta. Anos depois, quando eu estava limpando a cozinha, percebi que a planta não estava onde sempre estava. Nicole a havia mudado temporariamente de lugar. Contudo, esse momento disparou uma onda de ansiedade inesperada dentro de mim, me levando a revistar a casa em uma procura frenética pela planta. Ao localizá-la, rapidamente a devolvi ao lugar habitual. Enquanto eu a estava limpando, lágrimas brotaram de forma inesperada. Eu questionei a irrupção repentina de emoções: *De onde isso está vindo?*

Em vez de reprimir meus sentimentos, eu me permiti chorar e refletir para poder rejeitar e reiniciar. Em meio a essa introspecção, emergiu uma revelação — o Altíssimo iluminou o fato de que eu não tinha vivido o luto da perda de nossa amada Olivia. Yah me levou de volta àquele dia sombrio no hospital. Sem que eu soubesse na época, estava emocionalmente devastado. Entretanto, não fui capaz de deixar essas emoções emergirem porque me senti obrigado como homem apenas a projetar força para Nicole — uma fachada que escondia o tumulto interno.

Lamentavelmente, não estive presente nesse momento inicial de perda e luto — para minha esposa ou para mim mesmo. Só quando não consegui encontrar a planta que representava Olivia, percebi como era doloroso para mim tê-la perdido. Por décadas, expressar emoções ternas em público, em especial na presença de mulheres, era algo que eu rejeitava por completo. Por isso, naquele dia em que neguei a mim mesmo o direito humano de derramar lágrimas durante um dos momentos mais difíceis de minha vida, eu tinha reprimido minha dor.

Que tipo de masculinidade é essa, na qual um pai não pode chorar abertamente a perda de um filho? Por que devemos erguer uma fachada e fingir força apenas para seguir em frente? Quando você refletir sobre isso, espero que se torne evidente que devemos desafiar comportamentos nocivos que a sociedade enraizou em nós. Como pais, devemos dar a nós mesmos permissão para prantear, ainda mais quando uma tragédia toca outras vidas além da nossa.

Desapegando

Como um pai, por mais que eu não goste disso, acabo precisando aprender a me desapegar. Não sei dizer a você quantas noites fiquei acordado preocupado quando Alexis estava com seus amigos. Eu sei que vou perder o sono quando Jason começar a dirigir.

Francamente, nem quero pensar nisso, sobretudo levando em conta a disparidade racial ao ser detido no tráfego. Uma investigação do Departamento de Justiça revelou que pessoas negras em Ferguson, Missouri, representaram 85% das paradas de veículos entre 2012 e 2014. Pessoas negras também eram "duas vezes mais propensas que brancas a serem revistadas depois de serem paradas no trânsito, embora tivessem 26% menos chances de estarem na posse de drogas ilegais ou armas".[1] Como um homem do Altíssimo, tenho de me lembrar constantemente de que Yah ama e pode proteger meus filhos mais do que jamais poderei fazer.

Meu desejo de proteger era tão intenso que eu fiz Alexis escolher uma faculdade no mesmo estado em que morávamos. Ela escolheu a Universidade de Michigan. Foi um investimento caro por essa paz de espírito, mas eu não reclamei. Depois de se formar,

Alexis conseguiu um estágio em Nova York. Eu fui radicalmente contra — não devido a nenhuma dúvida em relação à oportunidade, mas porque eu temia que isso pudesse ser uma oportunidade para alguém lhe fazer mal. Era a primeira vez que ela estaria longe de nosso alcance, e eu não gostava disso.

Eu amo Nova York, mas não queria minha amada filha no metrô nem caminhando sozinha por áreas desconhecidas. Felizmente, tudo deu certo apesar dos meus medos. Ela se divertiu bastante e ganhou a experiência de que precisava para impulsionar sua carreira em gestão e marketing.

Anos depois, fui a Nova York como convidado do *The Breakfast Club*. Na noite antes da entrevista, decidi sair para dar uma volta pelas ruas da cidade. Quando passei por uma entrada escura de metrô, parei e pensei sobre como Yah tinha protegido minha filha nessas mesmas condições. Lágrimas brotam em meus olhos até enquanto eu digito isso. Tanta energia é desperdiçada quando não desapegamos. Todo o tempo que passei preocupado podia ter sido usado para reconhecer e apoiar a decisão de Alexis e encorajá-la ao longo do caminho.

Além de confiar a Yah o bem-estar de nossos filhos, devemos resistir à tentação de viver por meio deles. Eu aconselhei muitos garotos que tinham nutrido ressentimento em relação aos pais devido à pressão para buscar interesses que nunca foram realmente deles. Cometi esse erro com minha filha, mas me recusei a repeti-lo com meu filho. Ofereci a ele sabedoria sobre o que eu acredito que pode ser melhor, mas mais importante, eu o oriento a discernir entre a vontade de Yah e seus próprios desejos.

Pais, quando desapegamos e permitimos que nossos filhos cresçam, não apenas começamos a construir sua confiança, mas também nos tornamos os meios pelos quais Yah os guia para Sua vontade.

Provenha quando possível

Nicole é inegavelmente mais frugal que eu quando se trata de transferir recursos financeiros para nossos filhos. Sua criação com três irmãs era quase sempre marcada por dias em que tinham de fazer tudo o que fosse preciso para fechar as contas como uma família. Muitos adultos hoje, que cresceram como Nicole, costumam interpretar de forma errada sua situação como um plano estratégico de seus pais para torná-los fortes e independentes. Na verdade, isso é, em geral, um resultado de suas limitações financeiras em vez de uma falta de desejo de prover mais.

Os pais de Nicole são mesmo incríveis, e eu os amo demais. Sempre senti que eles teriam dado mais a Nicole se pudessem. Em vez de contar com suposições, decidi abordar os pais de Nicole em busca de confirmação. Antes que terminasse de articular minha pergunta, Mamma Smith interveio, dizendo enfaticamente:

— Nós com certeza teríamos dado mais a todas as nossas filhas, se pudéssemos!

Nicole ficou surpresa com as palavras da mãe, mas eu fiquei muito grato por ela ter compartilhado essa verdade.

Sejamos claros: não estou sugerindo dar a nossos filhos tudo o que eles querem. No entanto, devemos supervisionar suas lutas, de forma parecida com que Yah olha por nós, intervindo antes que eles percam o rumo na vida.

Abençoando nossos filhos

Enquanto eu estava escrevendo este capítulo, percebi que, apesar de validar publicamente meu filho inúmeras vezes, eu nunca o havia abençoado. Por isso, no dia em que eu e Nicole voltamos para casa de nossas férias pelos 25 anos de casamento, chamei Jason para dar uma volta de carro comigo.

Nós fomos até Belle Isle, onde eu o havia batizado muitos anos antes. Tomado pela emoção, fui andando com ele até o meio da praia. Ficamos parados em silêncio, olhando para as águas correntes do rio.

Com o coração cheio de amor, eu disse para Jason:

— Você é meu único filho, com quem estou muito satisfeito. Hoje, trouxe você aqui para abençoá-lo e afirmar o propósito divino que o Altíssimo tem para sua vida.

Então levei a mão ao bolso para pegar meu óleo de unção, uma substância sagrada usada para consagrar alguém ao serviço de Yah, e o apliquei em sua testa. Com uma das mãos em seu ombro e a outra em sua fronte, eu disse palavras de afirmação profunda em seu espírito:

— Você é forte, pio, bondoso, assertivo, inteligente, confiante, generoso e sábio. — Depois de um momento de reflexão silenciosa, senti o toque delicado do Espírito Santo me guiando para acrescentar: — E você é bom o suficiente.

Foi como se essas palavras abrissem um lugar no coração de Jason que estava aprisionado; ele liberou uma torrente de lágrimas que disse muito.

Durante os anos de formação de Jason, ele era provocado por não se encaixar, em especial por não ser atlético. Esse período em sua vida o levou a carregar uma cruz que ele nunca devia ter carregado — o fardo da dúvida de si mesmo. Embora minha mulher e eu o validássemos ao longo de sua vida, foi necessário esse momento sagrado para que Jason ouvisse de fato com o coração aquilo em que sua mente estava se esforçando para acreditar.

Pais, aproveitem a oportunidade para abençoar seu filho ou sua filha, e se vocês têm mais de um, unjam todos eles. Deixem que esse gesto poderoso seja um catalisador de sua jornada para responder a seus chamados divinos. Tirem um momento agora para refletir sobre como uma experiência como essa com seu pai poderia ter transformado sua vida. Pensem no impacto profundo que se livrar da insegurança, do medo de fracasso e da dúvida de si mesmo teria tido durante seus primeiros anos de vida adulta. Se Yah demorou para abençoar publicamente Seu Filho (Mateus 3:17), então é nosso dever estender esse gesto de afirmação a nossos próprios filhos. Ao fazer isso, nós os empoderamos com a confiança para aceitar seu propósito e navegar por seu futuro com convicção.

ENTRE EM AÇÃO

Atividade nº 1: Mude sua abordagem disciplinar

Mude sua abordagem para disciplinar seus filhos ancorando isso na fundação do amor. Da mesma forma que plantas saudáveis crescem de sementes bem cuidadas, a disciplina de Deus tem origem em um relacionamento que nutre e dá apoio. Portanto, cubra seus filhos de amor. Espere que eles se esforcem ao máximo, mas conceda a eles a graça de cometer erros e aprender com eles.

Atividade nº 2: Cultive conexão

A paternidade completa não está na autoridade de nossa voz nem no medo de nossa disciplina, mas na profundidade de nosso desejo pelo amor e pela confiança de nossos filhos. Aqui estão cinco dicas para garantir que você proporcione um espaço seguro para seus filhos receberem amor, aprenderem com seus erros e dominarem seus medos.

1. Pratique o princípio do perdão rápido sempre que seu filho se desculpar com sinceridade por sua desobediência em casa ou fracassos na escola.
2. Não guarde rancor contra seus filhos. Em vez disso, sempre busque reconciliar o relacionamento. Seja um pai para seu filho como Yah é um pai para nós — Sua raiva dura apenas um momento, mas Seu favor dura a vida inteira (Salmo 30:5).
3. Nunca discipline seus filhos quando estiver frustrado. Sempre espere um momento para processar seus pensamentos e suas emoções antes de lidar com o comportamento de seu filho. Essa estratégia garante que sua resposta, não reação, esteja enraizada no amor em vez de na raiva descontrolada.
4. Marque o tempo por duas semanas para calcular quanto tempo intencional você está passando com seus filhos diariamente. Se forem menos de 20 minutos por dia, reconheça que há espaço para melhorar. Tenha como objetivo pelo menos 45 minutos sem interrupções com seus filhos a cada dia. Lembre-se: a vida acontece, então não condene a si mesmo se você nem sempre atingir esse objetivo.
5. Planeje atividades com seus filhos que criem oportunidades para você validá-los, construindo sua confiança e seu valor pessoal.

Atividade nº 3: Tempo de espelho

Pegue seu espelho e olhe em silêncio nos olhos do homem ali refletido. Não desvie o olhar por sessenta segundos. Então, valide esse homem por meio das seguintes frases:

- Vou me concentrar em estar presente na vida dos meus filhos em vez de em ser perfeito.
- Não vou enterrar a dor de minhas experiências emocionais como pai, mas vou me permitir a graça de prantear refletindo, liberando, reiniciando e descansando.
- Vou ser mais que um disciplinador; vou ser um pai que ama completamente e nutre meus filhos em todos os estágios de suas vidas.
- Vou apreciar o apoio de meus filhos ao envelhecer e me tornar mais dependente, em vez de ser teimoso.
- Vou abençoar meus filhos, afirmando o propósito de Yah para suas vidas e expressando minha satisfação com quem eles se tornaram e minha esperança em relação a quem eles vão ser.

12. O filho

O filho apoia seus pais de forma inabalável apesar dos desafios,
acolhendo a jornada e honrando-os com suas palavras,
seu coração e suas ações.

Em uma manhã tranquila de sábado, os alunos da Caverna de Adulão estavam sentados com a habitual expectativa por mais uma ótima aula. Quando comecei a aula, minha mulher apareceu com um sorriso no rosto que não conseguia esconder a preocupação em seus olhos. Ela gesticulou para que eu me aproximasse. Suas palavras sussurradas me atingiram como um raio. Minha mãe tinha sofrido outra isquemia e estava sendo levada para o hospital. Esse era o quinto ano de minha caminhada com ela pelo que passei a chamar de *vale da demência* — uma jornada cheia tanto de dor profunda quanto da graça de Yah. A jornada estava cobrando um preço alto em minha alma e me forçando a enfrentar uma verdade profunda: nenhum homem consegue ser forte o tempo inteiro.

Uma onda de emoções me engolfou naquele momento. Eu me voltei para a turma com a voz trêmula e expliquei a necessidade repentina de deixá-los. Foi então que um aluno, movido pela situação, perguntou se a turma podia orar por mim. Um momento emocionante de unidade se desvelou quando todos os alunos se levantaram em silêncio e formaram um círculo em torno de mim no tapete. Suas mãos descansaram delicadamente em meus ombros e em minhas costas enquanto meu aluno conduzia a oração.

Lágrimas atravessaram o exterior forte que eu sempre mantinha — as primeiras que meus alunos testemunhavam. Essa demonstração inesperada de transparência emocional se tornou um ponto de acesso para todos nós na Caverna de Adulão, destruindo o mito de que a força é sinônimo apenas de estoicismo. Naquele dia, nós aprendemos que a força não é definida apenas por coragem física e mental. A força é encontrada na habilidade de um homem para enfrentar os desafios dilacerantes da vida sem suprimir suas emoções. Ela está na coragem para enfrentar algo muito doloroso sem afastá-lo, aceitando a autenticidade para transformar os pensamentos, as ações e os desfechos de alguém. Segundo minha experiência, essa é a essência da força.

Apesar de este capítulo ser o mais curto, acredito que ele guarde o maior significado. Decidi concluir com esta característica do filho porque foi ao servir a minha mãe amada durante sua batalha contra a demência que me transformei em um homem completo.

Passei a entender que um dos maiores desafios encarados pelos homens é estar em situações nas quais apenas nossos traços masculinos não são suficientes. Infelizmente, esse medo costuma nos levar a retroceder nas próprias áreas que mais exigem nossa presença. Um homem completo não é definido por atos de força ou agressão; em vez disso, ele atende às demandas de cada momento com a resposta apropriada.

Não há nada mais propenso a provocar a fuga instintiva de um homem masculino que ter de testemunhar o sofrimento de um pai (ou mãe) amado, seja por demência, doença mental, vício ou o declínio natural do envelhecimento. Mesmo assim, para cumprir o papel de um filho que dá apoio durante os anos tardios de nossos pais, devemos acessar exatamente a parte de nossos corações que treinamos com diligência para suprimir todas as emoções "não masculinas".

Eu costumava ser muito crítico quando filhos não visitavam seus pais idosos em asilos ou locais com assistência, em especial enquanto eu via minha própria mãe lidando com a progressão implacável da demência. No entanto, minha mentalidade um dia mudou na cantina de uma ala psiquiátrica, quando um homem imponente com uma jaqueta de motociclista se sentou no lugar ao meu lado, transmitindo uma sensação de desespero. Eu desconfiei que ele podia sentir o peso de meu sofrimento, pois eu estava ali em mais uma tentativa desesperada de ajustar a medicação de minha mãe devido a recentes explosões de raiva violentas.

Eu me voltei para ele e perguntei com calma:

— Como você está?

Ele olhou para mim com uma tristeza profunda nos olhos e respondeu:

— Essa é a coisa mais difícil que já fiz na vida. Eu preferia enfrentar 20 homens com facas que ver minha mãe sofrer desse jeito. Faz dois meses desde a última vez que eu a vi.

Esse tipo de transparência emocional é a chave para abrir a porta para a masculinidade completa. Pois nenhum de nós, não importa quão fortes, pode deter a certeza da morte. Sem um coração partido e um espírito contrito, nossa vontade permanece teimosa, e nosso orgulho, inflexível, impedindo que nos tornemos quem precisamos ser em algum momento específico. Permanecer em estado de estoicismo torna todas as outras características de um homem completo ineficazes, algo semelhante como ter balas sem uma arma.

Lamentavelmente, muitos de nós deixam de reconhecer o poder inerente de acolher nossas emoções mais profundas até o momento em que mais precisamos delas, mas nos vemos incapazes de expressá-las. É uma verdade profunda que nem toda batalha pode ser vencida apenas pela força; às vezes, precisamos ceder para ganhar terreno.

Por isso, em vez de deixar que seu machismo o afaste de onde seu coração precisa estar totalmente presente, corra na direção da batalha e encare-a de frente. Seja o homem que o momento exige.

Pare de desperdiçar energia no que você não pode controlar e concentre-se no que pode mudar. Isso é especialmente verdadeiro em nossos relacionamentos com nossos pais idosos, onde a coragem para intervir e servi-los com amor inabalável pode moldar profundamente nosso caminho à frente (Êxodo 20:12).

O filho que serve

Chega um momento definidor na vida de todo homem quando ele tem de evoluir de ser um filho dependente para um filho que serve. Essa mudança é muito importante; ela significa resistir à vontade de permanecer no conforto das sombras de nossos pais e, em vez disso, escolher crescer, honrando-os de maneiras que elevam seu próprio potencial. Ainda assim, tornar-se um filho que serve pode ser desafiador, sobretudo quando seu pai ou sua mãe não era o pai que você sentia precisar. Mas eis aqui o que descobri: Yah usa esses mesmos desafios que achamos que vão nos derrubar para nos moldar à imagem de Seu Filho, Yahushua.

Essa epifania só veio depois de me tornar um homem completo. Antes dessa transformação, você pode pensar: *Por que eu, agora um adulto, devo sacrificar meu tempo, meu coração, minhas lágrimas e meu conforto para garantir que o pai que esteve ausente de minha vida e ofereceu mais críticas que cuidados morra sem remorsos?*

Foi exatamente assim que me senti em relação a meu pai.

Eu me lembro de um momento bastante sombrio em minha vida quando meu pai ficou um ano sem falar comigo depois de me acusar falsamente de roubar dinheiro dele. A situação piorou quando ele fez com que minha madrasta fizesse um boletim de ocorrência contra mim, prejudicando ainda mais nosso relacionamento já problemático. Então um dia minha madrasta ligou, insistindo para que eu visitasse meu pai, cuja saúde não estava boa. Mesmo com todo o sofrimento e a raiva não resolvida profundos, eu me vi parado em uma encruzilhada como um homem adulto, de quem a própria pessoa que havia me afastado agora precisava.

Nicole, uma fonte constante de apoio, me ajudou a atravessar essa tempestade de emoções e me lembrou da coisa certa a fazer: honrá-lo, não importando como ele tinha me criado. No início, hesitei, sentindo o peso do passado em meus ombros, mas eu sabia que era hora de encarar aquilo. Quando entrei no quarto, vi um homem que antes irradiava força, agora frágil e mal se aguentando.

Eu me aproximei de sua cama e disse com delicadeza:

— Pai, sou eu, Jason.

Ele virou a cabeça lentamente em minha direção, abriu os olhos e, pela primeira vez no que parecia uma eternidade, disse as palavras familiares:

— Oi, filho.

Depois de anos lutando contra tremores e de perder lentamente a mobilidade, o mal de Parkinson finalmente confinou meu pai a sua cama. Enquanto eu estava sentado em uma cadeira ao lado do leito, e o peso de tudo pelo que tínhamos passado deixou meus ombros, lágrimas correram livremente por pelo menos dez minutos. Minha madrasta entrou silenciosamente no quarto e me ofereceu um lenço de papel, sentindo a profundidade das emoções que tinham aflorado. Havia muitos sentimentos — dor, sofrimento, arrependimento —, e muito tempo tinha se passado. Mas naquele momento, escolhi não me agarrar a nenhum rancor. Decidi que meu pai não ia deixar esta terra sem que nós dois recebêssemos a cura que realmente merecíamos.

Eu fiz um voto secreto de estar presente na vida de meu pai a partir daquele momento; nunca vacilei em meu compromisso. Com o passar do tempo, ficou claro que minha madrasta não conseguia mais oferecer os cuidados 24 horas de que meu pai precisava. A realidade ficou clara: ele precisava de atenção em tempo integral e tinha de ser mandado para um lar de idosos.

Durante minhas visitas, armado com um bloco, fiz inúmeras perguntas que tinham pesado por anos em meu coração. Eu queria desvendar a história de sua criação para entender por que ele nunca tinha me apresentado a seus pais e descobrir o que o levara a dar as costas para o chamado de Yah para pregar.

Só agora, olhando para trás, percebo que nenhuma de nossas conversas tocou em por que ele não tinha estado presente para mim durante meus anos formativos. Em vez disso, meu foco permaneceu em como ele podia estar presente para mim no tempo que lhe restava nesta terra. E isso fez toda a diferença. Eu permiti que ele se expressasse além de seu papel de provedor e protetor, e ele finalmente conseguiu me dar, como um homem adulto, a validação que eu desejava quando criança.

No fim, meu pai deixou este mundo sem levar o peso do remorso. E eu frequentemente me pergunto: *E se eu tivesse mantido o coração endurecido em relação a ele?* Eu teria continuado a lutar com anos de raiva não resolvida.

Isso me lembra de um momento poderoso em *Os Vingadores*, quando o Homem de Ferro atrai habilidosamente uma criatura alienígena para longe dos cidadãos vulneráveis e de volta para os Vingadores. À medida que o caos da batalha ocorre, Bruce Banner chega — calmo, composto. Ele desce de sua motocicleta e começa a andar lentamente na direção do alienígena que se aproxima, uma criatura enorme voando e deixando uma trilha de destruição ao passar. Sentindo o perigo iminente, o Capitão América diz: "Dr. Banner, agora pode ser um bom momento para você ficar com raiva." Bruce Banner se volta para o Capitão América com um sorriso astuto e responde: "Esse é meu segredo, Capitão; eu estou sempre com raiva." Essa fala ecoa profundamente porque eu, similar a Bruce, carregava uma raiva que emergia nos momentos errados, prejudicando a mim e aos outros. Mas quando escolhi confrontar essa raiva e canalizá-la para a cura, tudo mudou. Em um instante,

Bruce se transforma no Hulk, canalizando sua raiva em um único soco devastador que derruba o alienígena e salva o mundo.[1]

Quando escolhemos confrontar nossos sentimentos mais profundos, damos início a uma jornada para a cura e para nos transformarmos em uma força realmente impossível de deter, assim como Bruce. Esse é o poder do domínio emocional: transformar o que podia derrubar você no que lhe dá forças para se tornar o homem que o momento exige.

Embora meu pai tivesse defeitos, ele não era um homem ruim. Ele era um homem masculino que tinha suprimido décadas de emoções, traumas, raiva não resolvida e remorso dolorosos. Quando escolhi aceitar essa verdade, o caminho para minha cura ficou claro. Eu me permiti estar aberto para experiências não consideradas antes, como retiros para homens e psicoterapia com base na Bíblia, que se tornaram passos cruciais para promover minha jornada de cura.

Acolhendo toda emoção

Quando homens ficam desacostumados a acolher e a expressar todo o escopo das emoções humanas, nós nos vemos mal equipados para atravessar situações que não pedem punhos e armas. Ainda assim, quando usamos nossas características masculinas para confrontar esses momentos angustiantes em vez de fugir, podemos viver com ousadia a partir do bem em nossos corações em vez de sucumbir a nossos medos.

A experiência de cuidar de minha mãe me transformou de um mero homem masculino em um ser humano mais completo e compassivo — um homem completo. Embora o preço emocional de cuidar de uma pessoa com demência às vezes possa ser esmagador, ele também promove a resiliência, permitindo que uma pessoa persevere diante da adversidade.

Sim, houve momentos em que tive de assumir o papel de protetor, como quando minha mãe não recebeu o cuidado que merecia em um hospital ou quando cobradores implacáveis a atormentaram. Mas houve momentos em que precisei de paciência e empatia, como quando minha mãe fazia a mesma pergunta dez vezes e eu tinha de responder dez vezes sem sinal de impaciência.

Para dar a minha mãe a atenção de que ela precisava, também tive de me tornar um ouvinte ativo, aprimorar minhas habilidades de processamento verbal, aceitar a adaptabilidade e praticar o altruísmo. Esses novos conjuntos de habilidades me tornaram um cuidador melhor, mas também beneficiaram muito minhas interações com colegas, alunos, amigos e membros da família.

Então eu pergunto: você consegue encontrar a força dentro de si mesmo para prover esse tipo de cuidado? Consegue ir além dos papéis que a sociedade pode ter lhe receitado e descobrir a beleza profunda em ser um cuidador que não apenas cuida das necessidades das pessoas que ama, mas também nutre seus corações e suas almas? A resposta está dentro de cada um de nós, mas até termos coragem suficiente para viver com base no bem em nossos corações, continuaremos a viver vidas incompletas.

Enquanto suprimia meus sentimentos, eu permanecia a sua mercê — um escravo de minhas emoções erráticas. Porém, quando me dei permissão para ser totalmente humano, acolhendo todas as emoções, obtive a habilidade para invocá-las e utilizá-las em todos os momentos, empregando-as conforme o necessário.

O maior exemplo

Apesar de todas as características que apresentei serem cruciais para se tornar e permanecer sendo um homem completo, o modelo vem do exemplar definitivo de um deles, o Filho do Altíssimo, Yahushua

Ha'Mashiach. Ele é um modelo realmente excepcional que todos nós devemos aspirar imitar, independentemente de sua fé.

- Ele foi um **lutador** quando fez um chicote de cordas e expulsou corajosamente os cambistas de dinheiro do templo sagrado de Yah (João 2:15-17).
- Ele foi um **provedor** quando alimentou milagrosamente 5 mil pessoas famintas com apenas dois peixes e cinco pães (Mateus 14:13-21).
- Ele foi um **líder** quando transformou pescadores humildes em pescadores de homens (Mateus 4:18-19).
- Ele foi um **amante** quando sacrificou a vida por nossos pecados (João 3:16; Romanos 5:8-9).
- Ele foi um **nutridor** quando curou os doentes, procurou os perdidos e expulsou demônios dos possuídos (Mateus 8:16; Lucas 19:10).
- Ele foi um **cavalheiro** quando ouviu os corações das mulheres, lhes oferecendo ajuda sem segundas intenções (João 4:1-26; Lucas 7:37-48).
- Ele foi um **amigo** quando sacrificou espontaneamente a vida por Seus discípulos (João 15:13).
- Ele é o supremo **marido** para nós, Sua noiva, a igreja (Efésios 5:22-23).
- Ele é o **Pai** encarnado (João 1:1-14; 8:24; 12:45).
- Ele foi um **filho** que respeitou Seus pais terrenos enquanto teve a autoridade divina para escolher Seu próprio caminho (Lucas 2:41-51).

Em todos os aspectos de sua existência, Yahushua incorpora uma grande profundidade e estabelece um padrão inabalável para o que significa ser um homem completo. Sua vida, Sua morte e Sua ressurreição têm o poder não apenas de transcender expectativas sociais dos homens, mas também nos permitem uma existência sem limites na eternidade com o Altíssimo.

Essa salvação — o livramento de todos os pecados e suas consequências — não é alcançada apenas recitando uma afirmação de crença muito repetida. O passo inicial deve ser dado com toda a seriedade (Romanos 3:23; 5:8; 6:23; 10:9-13). Se isso é uma coisa que você está pronto para fazer, procure com diligência igrejas ou ministérios de homens com boa reputação e biblicamente sólidos. Eles podem mostrar a você como entregar sua vida de forma sincera a Yahushua e embarcar em uma jornada de propósito profundo n'Ele!

ENTRE EM AÇÃO

Atividade nº 1: Não pela força

Na jornada na direção de se tornar um homem completo, é crucial reconhecer que contar apenas com a força física não vai resolver as atribulações mais aflitivas da vida. Aceitar logo essa verdade nos dá forças para encarar as exigências de todos os momentos com graça, autenticidade e autoridade.

Tire um momento de solidão. Pegue seu diário e escreva suas respostas para estas perguntas:

1. Você consegue se lembrar de alguma vez em que nem sua força física nem suas finanças puderam resolver uma situação angustiante? Como você se sentiu nesse momento?
2. De que maneiras aceitar e expressar todo o escopo das emoções humanas dá a você força para se

conectar de forma mais profunda nessas situações – sobretudo quando envolvem pessoas amadas?

3. Quais características do homem completo você hesita em demonstrar abertamente, embora aceitá-las pudesse lhe dar força para enfrentar as exigências de qualquer momento?
4. Quais passos você pode dar para garantir que não recorra à força em momentos que exigem vulnerabilidade?

Atividade nº 2: O bom filho

Navegar as emoções complexas associadas a relacionamentos entre pai e filho pode ser profundamente desafiador. Afinal de contas, nenhum de nossos pais era perfeito. O conjunto de perguntas para refletir que vem em seguida foi criado no intuito de mergulhar nas profundezas desses relacionamentos, ajudando você a fazer a transição do conflito e do distanciamento na direção da reconciliação e de uma conexão profunda. Ao confrontar mágoas do passado, resolver traumas, acolher a autenticidade e praticar o poder do perdão, você pode começar a curar ferimentos antigos, escapar do encarceramento emocional e fortificar laços que foram enfraquecidos.

Tire um momento para ler e refletir sobre essas perguntas, e quando seu coração estiver pronto, pegue seu diário e escreva suas respostas. Recomendo muito que você dê continuidade a esse exercício com aconselhamento ou psicoterapia para lidar de forma adequada com possíveis dúvidas.

1. Lembre-se de uma vez em que um de seus pais precisou de você, e você estava ocupado demais para

ajudar; como pode se redimir e oferecer seu apoio consistentemente?

2. Pense nos efeitos de se distanciar de seus pais quando eles envelhecem ou começam a ter problemas de saúde; que mudanças podem ocorrer se você confrontar de frente a causa de origem dessa fuga?
3. De que maneiras expressar suas emoções pode permitir que você se conecte mais profundamente com seus pais, especialmente durante seus momentos de necessidade?
4. Você lidou com raiva não resolvida em relação a um de seus pais? Que transformações ocorreram como resultado?
5. Avalie como perdoar — ou não perdoar — um de seus pais que foi ausente ou abusivo e afetou seu bem-estar emocional e mental.
6. Que limites você precisa manter ou remover para garantir que possa se tornar ou continuar sendo um bom filho aos olhos de Yah (Êxodo 20:12)?

Atividade nº 3: Tempo de espelho

Pegue seu espelho e olhe em silêncio nos olhos do homem ali refletido. Não desvie o olhar por sessenta segundos. Em seguida recite estes compromissos:

- Vou perdoar meus pais pelo que eles fizeram e pelo que não fizeram.
- Vou tentar me reconciliar com meus pais antes que eles fiquem velhos demais para entender.

- Vou me esforçar para ser sempre um filho servidor de meus pais.
- Não vou mais evitar estar em situações aflitivas em que fico incapaz de esconder minhas emoções pungentes e tocantes de meus pais.
- Eu vou ser um bom filho.

A Comissão

Ao chegarmos às páginas finais desta jornada que fizemos juntos, sinto bastante orgulho pelo que você alcançou e fico extremamente honrado por ter confiado em mim para guiá-lo nesta iniciação à masculinidade completa. Agora, ao nos despedirmos, estou confiante que as sementes de sabedoria plantadas vão florescer no solo fértil de seu coração corajoso.

Lembre-se: o fim deste livro não é uma volta para onde você começou; é um novo começo. Como uma árvore que perde as folhas para uma nova estação, você também precisa desapegar para crescer. Libere velhas crenças, medos e dúvidas e aceite a fé prática necessária para mudar sua vida.

Você se prendeu aos limites da masculinidade "masculina" por tempo demais. É hora de mudar de marcha. Da mesma forma que a primeira marcha de um carro esporte é feita para sair da imobilidade, a primeira marcha da masculinidade é apenas o começo — um ponto de partida, não o destino. Permanecer aí por muito tempo limita seu potencial. Mudar para a segunda marcha vai impulsioná-lo a se mover mais rápido até mais longe, permitindo que você evolua sem queimar sua embreagem — desperdiçar sua vida.

Após obter o conhecimento inicial sobre a masculinidade completa na segunda marcha, você vai ser capaz de acelerar, liberando seu coração e sua mente da fachada. Progredir para a terceira marcha da masculinidade vai acentuar seu crescimento e sua maturidade, ao mesmo tempo que mantém a harmonia entre o leão e o cordeiro. Finalmente, fazer a transição para as marchas mais altas vai permitir que você atinja as maiores velocidades, maximizando seus propósitos como um homem completo — percorrendo com tranquilidade as estradas abertas da vida.

No caminho à frente, você vai perceber que há coisas que não pode mudar, como o comportamento das pessoas e atitudes pessimistas em relação a você. Não deixe que isso o desestimule ou o coaja a se envolver emocionalmente. A verdadeira vitória está não na resistência fútil, mas na mudança de sua perspectiva. Domine uma atitude mental que veja os desvios não como reveses, mas como atrasos divinos, assegurando uma chegada segura a seu destino.

Por fim, em momentos em que as exigências da vida esmagam você, e a paz pessoal parece inatingível, é vital articular suas necessidades e dedicar o tempo necessário para a manutenção pessoal. Como a falta de comunicação pode levar à confusão, sempre expresse suas necessidades e seus sentimentos com respeito.

Ao fechar este livro, leve em seu coração e em sua mente as dez características do homem completo. Que elas deem força a você, mantendo sua vida livre de fachadas e rica em autenticidade. Nunca se esqueça de que, na masculinidade completa, não há destino final, apenas a evolução constante.

Eu agora convido você a se juntar às fileiras dos guerreiros introspectivos que choraram como homens, deram gritos de guerra e lutaram por sua libertação do encarceramento emocional. Esta jornada começou com uma iniciação e, durante esse tempo, você não teve certeza de quem realmente era. Mas agora, quando alguém perguntar "Quem é você?", poderá dizer com confiança:

- Eu sou o **lutador** que sabe discernir quando lutar e quando recuar. Domino o ego e as emoções para garantir que eu permaneça em posição vantajosa;
- Eu sou o **provedor** que garante a provisão de recursos, orientação e apoio essenciais para minha família, meus amigos, minha comunidade e para mim mesmo.

- Eu sou o **líder** que guia e inspira os outros. Sei quando falar e quando ouvir — liderando pelo exemplo, não pela intimidação.
- Eu sou o **amante** que demonstra seu amor por meio de ações — devoção a Yah, amor ao próximo e manutenção do meu próprio bem-estar.
- Eu sou o **nutridor** que cultiva o crescimento e o desenvolvimento, cuidando de indivíduos e ambientes dentro e fora do meu escopo de influência.
- Eu sou o **cavalheiro** que demonstra respeito pelos outros e por si mesmo por meio da etiqueta cuidadosa e apropriada, sem comprometer meus valores.
- Eu sou o **amigo** que ama em todos os momentos e é firme diante das adversidades — disposto a dar a vida por meus companheiros.
- Eu sou o **marido** que reproduz o amor de Cristo me oferecendo em sacrifício para o bem-estar de minha esposa, tratando-a como eu gostaria de ser honrado.
- Eu sou o **pai** que deseja a confiança de meus filhos e fornece um espaço seguro para que eles recebam amor, aprendam com seus erros e dominem seus medos.
- Eu sou o **filho** que apoia meus pais de forma inabalável apesar dos desafios, acolhendo a jornada e honrando-os com minhas palavras, meu coração e minhas ações.

Independentemente de minha situação, *eu sou o homem que o momento exige.*

Agradecimentos

O Altíssimo Yah: sou profundamente grato pelo Senhor, não apenas pelas lições aprendidas nas lutas internas, mas pelo jeito como o Senhor sustenta minha alma e enche meus dias de alegria e paz. No Senhor eu encontro minha essência e meu propósito. Seu amor é incomparável, Sua piedade é infinita. Continuo reverente por Sua grandeza e pelo jeito como o Senhor guia meus passos, orquestra minhas atribulações e atende a minhas orações. Por meio de Yahushua, posso buscar Seu perdão e encontrar Seu abraço outra vez. AleluYah!

Nicole: nos momentos silenciosos de tristeza, você foi meu travesseiro de conforto, e nas tempestades do medo e da dúvida, minha *ezer* inabalável. Quando o chamado do Altíssimo pareceu uma montanha, seu amor me ajudou a escalar todas as provas. Você nunca me impediu de buscar a vontade de Yah; em vez disso, sempre perguntou: "Como posso apoiar sua visão?" Vou louvar Yah perpetuamente por transformar nossos caminhos em um só. Sua presença em minha vida é uma bênção além das palavras, e minha gratidão a você não tem limites. Amo você imensamente.

Alexis: minha filha querida, sua inteligência, seu talento e seus dons espirituais continuam a me maravilhar. Tenho imenso orgulho de você e sou grato pela alegria e o amor que você traz para minha vida. Obrigado por delicadamente me incentivar a superar minhas dúvidas, você sempre desejou o melhor para mim em seu coração. Amo você, Pooh, mais do que meu coração jamais vai conseguir expressar.

Jason: meu filho amado, com quem estou muito satisfeito. Eu não podia ter orado por um filho melhor! Desde seu nascimento,

Yah usou você para acalmar minha alma perturbada e minha mente traumatizada, e a aliviar a dor de assistir ao declínio de minha mãe. Agora, como um homem jovem, você é meu amigo mais íntimo, Chazaq AriYah — meu forte leão de Yah! Amo você profundamente, meu filho.

Sinclair: sem você, a luz de Cristo em meus anos iniciais, eu não seria o homem radical do Altíssimo que sou hoje. Seus anos de oração e amor me tiraram da escuridão. Obrigado por viver sua fé de forma tão autêntica. Amo muito você.

Olivia: minha amada irmãzinha, seu incentivo tem sido uma fonte constante de força ao longo dos anos. Tive muitos dias em que me senti desanimado, mas uma mensagem sua alegrava meu dia. Suas palavras de incentivo me ajudaram diversas vezes a superar inseguranças e medos. Sou extremamente grato por seu amor e apoio. Amo você.

A todos os meus familiares e amigos: seu amor, suas orações e seu apoio inabalável foram minha âncora ao longo dos anos. Obrigado por estarem do meu lado no decorrer de todos os problemas e dificuldades. Sou profundamente grato a cada um de vocês e guardo todos em meu coração.

Dr. Tim e Ellie Broel: seu amor, apoio e sacrifício inabaláveis foram uma bênção profunda para Nicole, para mim e para toda a nossa família. Vocês dois foram enviados por Deus, e não há palavras nem dinheiro que possam expressar toda nossa gratidão por tudo o que vocês fizeram por nós. Amo muito vocês.

Chris Park: sou profundamente grato a Yah por juntar nossos caminhos para a Sua glória, e hoje essa conexão divina é evidente. Obrigado por acreditar em mim como autor; seu conselho e incentivo me transformaram no escritor que sou hoje. Apesar das dificuldades que enfrentou enquanto eu escrevia este livro, você permaneceu um apoio firme. É o melhor agente que eu poderia ter imaginado. Eu valorizo nossa amizade, de verdade.

Brigitta Nortker: palavras não conseguem descrever minha gratidão a você. Seu conhecimento, sua criatividade, seu espírito divertido e sua paciência foram um farol em todo o processo desafiador de escrever este livro. Quando as coisas não aconteciam como planejadas, você estabilizava o navio e estava sempre presente, fazendo todo o possível para garantir que tudo permanecesse no caminho da excelência. Obrigado, amiga, por ser uma fonte contínua de inspiração e incentivo.

Bill Blankeshien: trabalhar com você e com a equipe dos StoryBuilders foi uma experiência transformadora. Eu apreciei sua abordagem metódica e seu incentivo para que eu continuasse a escrever quando me sentia exausto; isso permitiu que Yah continuasse a me usar como Sua caneta. Obrigado por me dar a estrutura para escrever este livro e perseverar nas revisões depois que nossa edição em conjunto tinha terminado.

Andrew Stoddard: irmão, sempre me lembro de quando nos conhecemos durante a entrevista para o Waterbrook Zoom em meio à pandemia. A paixão e a conexão que compartilhamos durante essa reunião deixou uma impressão duradoura. Mesmo depois de escolher assinar com a Nelson, orei para que nossos caminhos tornassem a se cruzar, e Yah atendeu a essa oração. Obrigado por suas palavras de incentivo e por cuidar de todos os detalhes de minha visão para este livro.

Minha família na Nelson: obrigado, John Andrade, por sua liderança e ideias inovadoras, Chris Sigfrids, por sua paixão motivadora por ver homens de Yah curados, e Lisa Beech, por seu entusiasmo contagiante para trazer esta mensagem aos homens que precisam dela. Desde nossa primeira reunião, cada um de vocês estava dentro! Sou incrivelmente grato por ser parte de uma equipe com pessoas tão maravilhosas.

Kathryn Duke: obrigado por sua atenção meticulosa aos detalhes e por sua paciência durante o processo de revisão. Aprecio profundamente sua dedicação para melhorar cada página.

Notas

CAPÍTULO 1: A INICIAÇÃO

1. Statistics on Domestic Violence. *True Self Healing*. Acesso em: 22 maio 2024. Disponível em: https://trueselfhealinggroup.com/statistics-on--domestic-violence.
2. COLEMAN, Daniel; FEIGELMAN, William; ROSEN, Zohn. Association of High Traditional Masculinity and Risk of Suicide Death. *JAMA Psychiatry*, v. 77, n. 4, p. 435–437, 2020. DOI https://doi.org/10.1001/jamapsychiatry.2019.4702.
3. MADDISON, Paddy. The Real History Behind Sagging Pants. *MenswearStyle*, 26 jul. 2017. Disponível em: https://www.menswearstyle.co.uk/2017/07/26/the-real-history-behind-sagging-pants/7788.
4. HARTOV, Oren. A Brief History of the Sweatshirt. *Analog:Shift*, 11 mar. 2024. Disponível em: https://www.analogshift.com/blogs/transmissions/sweatshirt-history?_pos=1&_sid=dad6e741f&_ss=r.
5. Anatomy of an Earthquake. *Academia de Ciências da Califórnia*. Acesso em: 22 maio 2024. Disponível em: https://www.calacademy.org/explore-science/anatomy-of-an-earthquake.
6. THIS Is Us: "The Trip", temporada 1, episódio 9. Direção: Uta Briesewitz. Roteiro: Dan Fogelman, Vera Herbert e Aurin Squire. NBC, 29 nov. 2016.
7. WELL, Tara. Why Should You Talk to Yourself? *Psychology Today*, 30 mar. 2021. Disponível em: https://www.psychologytoday.com/us/blog/the-clarity/202103/why-should-you-talk-yourself.

CAPÍTULO 3: O LUTADOR

1. Are You Being Verbally Abused? *Seleni Institute*. Acesso em: 19 set. 2024. Disponível em: https://seleni.org/advice-support/2018/3/20/are-you-being-verbally-abused.
2. COREN, Stanley (Org.). *Left-Handedness: Behavioral Implications and Anomalies*. Elsevier Science, 1990.

3. ULTIMATE FIGHTING CHAMPIONSHIP Londres, "Paddy Pimblett's Powerful Message After Winning at #UFCLondon". [S.l.: ESPN], 2022. Publicado pelo canal ESPN em 23 jul. 2022. Disponível em: https://www.youtube.com/watch?v=jtW0byC28_s.
4. Lions Can Sleep 20 Hours Per Day. This Is How and Why. *African Wildlife Report*. Acesso em: 22 maio 2024. Disponível em: https://africanwildlifereport.com/how-much-do-lions-sleep-more-than-you-expect/.
5. Moses Powell em um seminário em Detroit, Michigan, anos 1990.
6. BARTLE, Jarryd. The Scientific Reasons Why Men Are More Violent Than Women. *New York Post*, 16 jan. 2019. Disponível em: https://nypost.com/2019/01/16/the-scientific-reasons-why-men-are-more-violent-than-women/.
7. 9 Benefits of Running a Mile Every Day. *Nike*, 3 jun. 2024. Disponível em: https://www.nike.com/a/running-mile-everyday-benefits.
8. JORDAN PETERSON — A Harmless Man Is Not a Good Man (Jock Podcast nº 98). [S.l.: Jordan Peterson Archive], 2019. Publicado pelo Jordan Peterson Archive em 29 jul. 2019, vídeo no YouTube, 3:35. Disponível em: https://www.youtube.com/watch?v=JivafUCakbA.
9. Cold Exposure (Ice Plunge). *Mental Health Center of America*. Acesso em: 22 maio 2024. Disponível em: https://mentalhealthcenter.com/cold-exposure-ice-plunge/.

CAPÍTULO 4: O PROVEDOR

1. WHITTLE, Matthew. How Lights Affect Sleep. *Sleep Doctor*, 12 mar. 2024. Disponível em: https://sleepdoctor.com/sleep-environment/light-and-sleep/.
2. America's Families and Living Arrangements: 2020. *United States Census Bureau*, alterado pela última vez em 22 nov. 2021. Disponível em: https://www.census.gov/data/tables/2020/demo/families/cps-2020.html.
3. Historical Living Arrangements of Children. *United States Census Bureau*, alterado pela última vez em 21 nov. 2023. Disponível em: https://www.census.gov/data/tables/time-series/demo/families/children.html.
4. Committee Opinion Nº 576: Health Care for Homeless Women. *Obstetrics & Gynecology*, v. 122, n. 4, p. 936–940, 2013. Disponível em: https://doi.org/10.1097/01.aog.0000435417.29567.90.

5. WILCOX, Brad; LERMAN, Robert I. For Richer, For Poorer: How Family Structures Economic Success in America. *American Enterprise Institute*, 28 out. 2014. Disponível em: https://www.aei.org/researchproducts/report/for-richer-for-poorer-how-family-structures-economic-success-in-america/.
6. 5 Reasons to Stop Eating After 7 p.m. — and How to Do It. *DoFasting*, 7 jun. 2023. Disponível em: https://dofasting.com/blog/not-eating-after-7-pm/.
7. LING, Vanessa. Sleep Apnea Statistics and Facts You Should Know. *Advisor*, National Council on Aging, 8 maio 2024. Disponível em: https://www.ncoa.org/adviser/sleep/sleep-apnea-statistics/; GUTIERREZ-VELARDE, Pierina; *et al.* Poor Sleep Quality and Erectile Dysfunction in Students From a Peruvian University: a Cross-sectional Study. *Frontiers*, v. 11, 31 jan. 2023. DOI: https://doi.org/10.3389/fpubh.2023.932718; NAPOLI, Nicole. Getting Too Little Sleep Linked to High Blood Pressure. *American College of Cardiology*, 27 de março de 2024. Disponível em: https://www.acc.org/About-ACC/Press-Releases/2024/03/26/18/40/getting-too-little-sleep-linked-to-high-blood-pressure; NAGAI, Michiaki; et al. Sleep Duration as a Risk Factor for Cardiovascular Disease: a Review of the Recent Literature. *Current Cardiology Reviews*, v. 6, n. 1, p. 54–61, 2010. DOI: https://doi.org/10.2174./157340310790231635.

CAPÍTULO 6: O AMANTE

1. Dr. Tim Broe, conversa com o autor, 22 nov. 2023.
2. BERRY, Peter A. Drake's 'Certified Lover Boy' Breaks Spotify's Record for Most Album Streams in One Day. *Revolt*, 4 set. 2023. Disponível em: https://www.revolt.tv/article/2021-09-04/101679/drakes-certified-lover-boy-breaks-spotifys-record-for-most-album-streams-in-one-day.
3. EUBANK, David. Watch Aid Worker Risk His Life to Save Little Girl in Mosul. [S.l.: Fox News], 2017. Publicado pela Fox News em 29 jun. 2017, vídeo no YouTube, 3:50. Disponível em: https://www.youtube.com/watch?v=3oDZQ2PvdYs.

CAPÍTULO 7: O NUTRIDOR

1. THORPE, J. R. The 7 Best Dog Breeds for People with PTSD. *Bustle*, 19 jun. 2019. Disponível em: https://www.bustle.com/p/7-best-dog--breeds-for-people-with-ptsd-17928509.
2. Ann Fraser e Ross McGowan, *People Are Talking*, KPIX-TV, exibido em 15 de janeiro de 1988, arquivado em "Images of Black Men in America (1988): Huey P. Newton, Ishmael Reed e Jawanza Kunjufu". [S.l.: Reelback One], 2020. Publicado por Reelback One em 2 jun. 2020, vídeo no YouTube, 41:48. Disponível em: https://www.youtube.com/watch?v=4IGCyN7esO4.
3. KESLER, Max. How Many Players Are in the NBA? *Hoopsbeast*, 6 abr. 2023. Disponível em: https://www.hoopsbeast.com/total-nba-players/.
4. SHIELDS, Aaron. What Are the Odds of Making It in the NBA? *Casino.org*, 8 abr. 2022. Disponível em: https://www.casino.org/blog/odds--of-making-it-nba/.
5. DEBBARMA, Siyari. Despite 65 Percent of NBA Players Going Broke Within 5 Years of Retirement, Shaquille O'Neal's Mother Helped Him Buy 175 Restaurants and Amass $450 Million Net Worth. *Essentially Sports*, 20 set. 2022. Disponível em: https://www.essentiallysports.com/nba-basketball-news-despite-65-percent-of-nba-players-going-broke-within-5-years-of-retirement-shaquille-oneals-mother-helped-him-buy-175-restaurants-and-amass-450-million-net-worth/.

CAPÍTULO 8: O CAVALHEIRO

1. PAPPAS, Stephanie. Is the Alpha Wolf Idea a Myth? *Scientific American*, 28 fev. 2023. Disponível em: https://www.scientificamerican.com/article/is-the-alpha-wolf-idea-a-myth/; Pack Structure, *Wolf Haven International.* Disponível em: https://wolfhaven.org/conservation/wolves/pack-structure/.
2. National Survey on Manners, *Finesse Worldwide*, 25 jun. 2014. Disponível em: https://finesseworldwide.com/national-survey-on-manners/.

CAPÍTULO 9: O AMIGO

1. DIAZ, Adriana. Men Suffer 'Friendship Recession' as 15% Are Without a Single Close Pal. *New York Post*, 7 jul. 2021. Disponível em: https://nypost.com/2021/07/07/friendship-recession-15-of-men-are--without-a-close-pal/.
2. COX, Daniel A. Men's Social Circles Are Shrinking. *Survey Center on American Life*, *American Enterprise Institute*, 29 jun. 2021. Disponível em: https://www.americansurveycenter.org/why-mens-social-circles-are-shrinking/.
3. HIRSCH, Aubrey. Men Have Fewer Friends Than Ever, and It's Harming Their Health. *Vox*, 27 ago. 2022. Disponível em: https://www.vox.com/the-highlight/23323556/men-friendship-loneliness-isolation-masculinity.
4. CUFFARI, Benedette. Does Loneliness Weaken the Immune System? *News Medical Life Sciences*, 11 abr. 2023. Disponível em: https://www.news-medical.net/health/Does-Loneliness-Weaken-the-Immune-System.aspx.
5. Dictionary.com, s.v. "friend (*n.*)". Acesso em: 22 maio 2024. Disponível em: https://www.dictionary.com/browse/friend.
6. CHALLIES, Tim. Why Did Gandhi Say, 'I Like Your Christ, Not Your Christians'?, *Christianity Today*, 21 jun. 2023. Disponível em: https://www.christianity.com/wiki/cults-and-other-religions/gandhi-doesnt--like-us-11668745.html.

CAPÍTULO 10: O MARIDO

1. HARVARD HEALTH PUBLISHING. Sex and the Prostate: Overcoming Erectile Dysfunction When You Have Prostate Disease. *Harvard Medical School*, 21 abr. 2021. Disponível em: https://www.health.harvard.edu/blog/sex-and-the-prostate-overcoming-erectile-dysfunction--when-you-have-prostate-disease-200903311100.
2. BOWDEN, Olivia. Is Stress Killing Your Libido? How to Increase Your Sex Drive. *Global News*, 22 fev. 2020. Disponível em: https://globalnews.ca/news/6563889/stress-libidosex-drive/.
3. CHERRY, Kendra. What Happens In Your Brain When You Fall in Love? *Verywell Mind*, 28 set. 2023. Disponível em: https://www.verywellmind.com/what-happens-in-your-brain-when-you-fall-in-love-7971808.

4. TRISTA. 40 Basic Rights Women Did Not Have until the 1970s. *History Collection*, 26 jun. 2019. Disponível em: https://historycollection.com/40-basic-rights-women-did-not-have-until-the-1970s/; GANE, Tamara. 13 Things Women Weren't Allowed to Do 100+ Years Ago. *Reader's Digest*, 4 maio 2023. Disponível em: https://www.rd.com/list/things-women-werent-allowed-to-do-100-years-ago/.
5. STEINBRECHER, Susan. 35 Masterful Quotes to Inspire Healthier Workplace Relationships. *Entrepreneur*, 14 mar. 2016. Disponível em: https://www.entrepreneur.com/leadership/35-masterful-quotes-to-inspire-healthier-workplace/269762.
6. BAECHLE, Irina. Lessons from a Couples Therapist: Conflict Avoidance Can Destroy Your Marriage. Publicado originalmente em *Psych Central*, arquivado em https://turningpointresolutions.com/lessons-from-a-couples-therapist-conflict-avoidance-can-destroy-your-marriage/.
7. DIGNITY HEALTH. The Science Behind the Profound Power of Holding Hands. *HuffPost*, 31 maio 2016. Disponível em: https://www.huffpost.com/entry/power-of-holdinghands_n_57435a8be4b00e09e89fc162.
8. HOLLAND, Taylor Mallory. Facts About Touch: How Human Contact Affects Your Health and Relationships. *Dignity Health*, 28 abr. 2018. Disponível em: https://www.dignityhealth.org/articles/facts-about-touch-how-human-contact-affects-your-health-and-relationships.

CAPÍTULO 11: O PAI

1. BALKO, Radley. There's Overwhelming Evidence That the Criminal Justice System Is Racist. Here's the Proof. *Washington Post*, 10 jun. 2020. Disponível em: https://www.washingtonpost.com/graphics/2020/opinions/systemic-racism-police-evidence-criminal-justice-system/.

CAPÍTULO 12: O FILHO

1. *Os Vingadores*. Direção: Joss Whedon. Marvel Studios; Walt Disney Studios, 2012.

Impressão e Acabamento:
GEOGRÁFICA EDITORA LTDA.